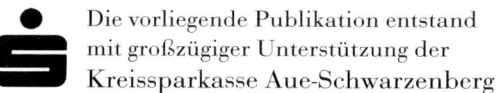 Die vorliegende Publikation entstand
mit großzügiger Unterstützung der
Kreissparkasse Aue-Schwarzenberg

Uta Meier

Zwischen Apotheker und Scharlatan

Zum
Laborantengewerbe
im
westlichen Erzgebirge

Reihe WEISS-GRÜN 9

Landesstelle für erzgebirgische und vogtländische Volkskultur
Schneeberg / Erzgebirge

Sächsisches Druck- und Verlagshaus GmbH
Dresden

1996

Das Laborantenwesen.

Was ist denn das?
Ha, Sandriedgras
Und Alant, welche Länge!
Da Bärendill,
Dort Bergkamill'
Und Engelwurz die Menge!

Dies alles, ei,
Gibt Arzenei!
Das kann ich hoch verkaufen.
Wie will ich gern
Nun nah und fern
Das ganze Land durchlaufen!

W. Ziehnert 1859

ZUM GELEIT

Liebe Leserin, lieber Leser,

lieber Gast unserer Heimat,

Laborantenwesen, Olitätenhandel – nie gehört! Das sagt sicherlich jeder, der nicht in den Erzgebirgsgemeinden Bockau, Eibenstock, Jöhstadt, Lauter, Sosa und Umgebung beheimatet ist.

Eine jahrhundertealte Kunst mit ihrem Wissen, ihrer Technologie, den Berufsgeheimnissen und mit eigenem Lebensstil droht aus dem Gesichtskreis zu entschwinden.

Dabei ist das Laborantenwesen eine praktische Seite des tiefen menschlichen Wunsches gesund zu sein, gesund zu bleiben und sollte man doch krank werden, von der Krankheit geheilt zu werden.

Überlegen wir nur, welchen Stellenwert die Gesundheit in unserer modernen Gesellschaft hat, wir alle wissen, daß sie ein erstrebenswertes Gut aber doch nicht alles im Leben ist.

In diesem Buch wird ein Stück Geschichte des Westerzgebirges mit Verknüpfungen und Auswirkungen, weit darüber hinaus, vor dem Vergessen bewahrt. Dafür ist der Autorin und dem Herausgeber zu danken. Vor allem jedoch dafür, daß bei diesem Werk, nicht wie heute häufig, eine überheblich abwertende Einschätzung früherer Zeiten erfolgt.

Was uns im Buch vermittelt wird, ist das Wissen jener Zeit mit allen positiven und negativen Seiten, mit wirtschaftlichen Zwängen und Verflechtungen.

Keinem ist bekannt, wie man in 200 Jahren mit neuem Wissen unsere Zeit einschätzen wird.

Die Mitarbeiter der Landesstelle für erzgebirgische und vogtländische Volkskultur in Schneeberg führen eine seit langem begonnene und allseits anerkannte Arbeit weiter – Geschichte der Volkskultur in den sächsischen Landschaf-

ten zu erforschen – und für uns nachvollziehbar aufzubereiten. Alle historisch Interessierten vermerken das mit Dank.

Manche im Buch beschriebene Spezialitäten, wie Stoughton's Magenbittern, Angelika-Likör und andere erfreuen sich heute wachsender Beliebtheit – auch in anderen Ländern.

Sie sind wieder Wirtschaftsfaktor geworden. Für Kenner wird somit Geschichte auch »aromatisch schmeckbar«.

Da dies sehr selten ist, wünscht Ihnen beim Lesen und Verkosten viel Vergnügen

Ihr Karl Matko
Landrat des Landkreises
Aue-Schwarzenberg

VORWORT

Eines Tages wurde die Idee geboren, die zahlreich wachsenden Kräuter des Erzgebirges nicht nur für den Eigenbedarf zu verwenden, sondern sie zusammen mit anderen Waren in die Welt hinauszutragen und zu verkaufen.

Aus diesen schlichten Anfängen im 16. und Anfang des 17. Jahrhunderts entwickelte sich ein gut florierendes Geschäft. Der Handel mit den getrockneten Kräutern brachte Geld in die kleinen und überwiegend armen erzgebirgischen Gemeinden. Der Bedarf an Kräutern stieg an. Schon bald ging man dazu über, die Kräuter zielgerichtet von Kräuterbauern anbauen zu lassen. Im Kirchenbuch von Bockau werden ab 1650 vermehrt Bockauer und Sosaer Kräuterbauern erwähnt. Der Gewinn für den Anbau von Kräutern war für die Bauern lohnender als der der üblichen Feldfrüchte. Allmählich kam zu dem Handel mit Kräutern der Handel mit Arzneien dazu. Diese Arzneien bereiteten die Laboranten aus einheimischen Kräutern, aber auch unter Hinzufügung fremder Bestandteile, zu.

Doch wie kam es zur Entwicklung des Arzneilaborantengewerbes? Und warum verschwand es wieder?

Die Quellenlage ist zu den jeweiligen Schwerpunkten des Themas sehr differenziert. Über die Aufschwungphase und über konkrete Abläufe des Handels ist nur sehr wenig zu finden. Ausreichende Zeugnisse gibt es über die Waren der Laboranten und über ihre Konflikte mit den Behörden, die sich verständlicherweise besonders in der Niedergangsphase häuften.

Das Buch wendet sich an den historisch interessierten Leser, der etwas über die Erwerbsquellen früherer Generationen erfahren möchte. Es wird ein Ausschnitt der Handels- und Medizingeschichte beleuchtet, der kompliziert verwoben ist mit den allgemeinen Lebensbedingungen, den Bedürfnissen nach Heilung, dem medizinischen Fortschritt und dem Kommerz.

Ich habe versucht, ein facettenreiches Bild zu zeichnen, das all diese Aspekte berücksichtigt. Die vorhandene Literatur wurde für den heutigen Leser aufbereitet, und eigene Sichtweisen wurden mit eingebracht.

Die angesprochene Vielschichtigkeit des Themas, welches Geschichte des Handels, Medizingeschichte, Regionalgeschichte, Rechtsgeschichte, Geschichte der Naturwissenschaften u. a. m. miteinander verbindet, macht es interessant und kompliziert zugleich. Die Arbeit richtete sich auf ein Gebiet, dessen wissenschaftliche Betrachtung mehrere Jahrzehnte fast völlig ruhte, und kann demzufolge nicht alle Fragen lösen.

Die Darstellung des Laborantenwesens ist aufgrund der thematischen Nähe ein erster Schritt, sich verstärkt auch wieder der Erforschung der Volksmedizin zuzuwenden.

Einführende Gedanken
zu den Gewerben der Laboranten
und der Landreisenden

Zwischen der Ausprägung des Laborantengewerbes und dem Entwicklungsstand der Medizin besteht eine enge Beziehung. Das ist an vielen Beispielen nachweisbar und liegt in der Natur der Sache begründet.

Bedienen doch die Laboranten mit ihren Produkten einen uralten Menschentraum nach Heilung aller Krankheiten, nach Verlängerung des Lebens bei bester Gesundheit, der schon in den Göttersagen der Antike in dem Wunsch nach Unsterblichkeit gipfelte.

Jene Grundsehnsucht kommt uns auch immer wieder in Märchen entgegen. Da gibt es Hexen, die Zaubermedizin besitzen; der tapfere Prinz findet eine Pflanze, die Erlösung bringt. Und in der Tat ist es ja so, daß die Heilung von einer Krankheit vom Betroffenen als Erlösung empfunden wird. Die Hoffnung und Zuversicht wurde und wird durch die Erzählungen der Erwachsenen schon früh ins Bewußtsein und Unterbewußtsein der Kinder gepflanzt.

Ab und an tauchen dann »Tatsachenberichte« von todkranken Menschen auf, die wie durch ein Wunder von einer besonderen Medizin und durch einen ganz bestimmten Heiler wieder gesund geworden sind. Obwohl der Wahrheitsgehalt sicherlich sehr gering ist, möchte man zu gern auch heute noch daran glauben. Vermitteln doch solche Geschichten inmitten der selbsterlebten Wirklichkeit, die auf unsere Wünsche und Empfindungen wenig Rücksicht nimmt und noch von Schauerberichten der Medien über Krankheiten, Unfälle und Tod übertroffen wird, ein wenig Halt und Mut.

Krankheiten sind oftmals mit tiefen Einschnitten im Leben eines Menschen verbunden und enden im tragischsten Fall mit dem Tod. Deshalb haben sie selbst in unserem aufgeklärten und wissenschaftlich-technisch hochentwickelten Zeitalter nichts von ihrem Schrecken eingebüßt.

Für die Menschen früherer Jahrhunderte stellte sich Krankheit als existenzbedrohender Zustand dar, und zwar sowohl physisch als auch ökonomisch. Krankheit und Tod eines für den Familienunterhalt sorgenden Vaters bedrohten durch die sich anschließende finanzielle Not auch die physische Existenz der anderen Familienmitglieder.

Wobei man nicht darüber hinwegsehen sollte, daß dieser Fakt für eine nicht unbeachtliche Zahl von Menschen selbst jetzt noch bittere Realität ist.

Hinzu kam, daß die Kenntnisse über mögliche Ursachen von Krankheiten, über vorbeugende Maßnahmen und über den Bau des menschlichen Körpers nur wenigen Ärzten im Rahmen des jeweilig erreichten Forschungsstandes zur Verfügung standen. Dieser Mangel bot genügend Freiraum, um mit Aberglauben, Spekulationen und Mystifikationen ausgefüllt zu werden.

Meine Betrachtungen zum Thema beginnen in der Zeit des ausgehenden Mittelalters. Der Krankheitsbegriff umfaßte damals alles, was vom gewöhnlichen Zustand abwich (vgl. 1, S. 438).

Das Gegenteil von Krankheit, also die Gesundheit, wurde sehr komplex als Gleichgewicht erfaßt. Körper und Geist standen in sehr engem Zusammenhang mit dem »Einssein« mit Gott und der Integration in die Gemeinschaft.

Man orientierte sich nach wie vor an den Auffassungen von Hippokrates (5./4. Jahrhundert v. Chr.), die durch nachfolgende Ärzte und besonders von Galen (129 bis ca. 199 n. Chr.) weiter publiziert worden sind. Nach ihrer Ansicht beruht die Gesundheit auf dem Gleichgewicht von vier Säften (humores). Den Säften werden unterschiedliche Zustände und Eigenschaften zugeschrieben: dem Blut die Eigenschaft des Warm-Feuchten, der gelben Galle die des Warm-Trockenen, der schwarzen Galle die des Kalt-Trockenen und dem Schleim die des Kalt-Feuchten. Störungen im Gefüge des Säftegleichgewichts bedeuteten Krankheit. Dementsprechend erfolgte die Behandlung mit dem Ziel, dieses Gleichgewicht wieder herzustellen, indem man die Säfte z. B. durch Schwitzen und Aderlassen regulierte.

Paracelsus (1494–1541) lehnte die Lehre als veraltet ab. Für ihn bestand der menschliche Körper aus den Prinzipien der Brennbarkeit, der Flüchtigkeit und des Rückstandes. Er stritt die Existenz der Humores nicht ab, machte aber für die Entstehung der Krankheit einen Samen verantwortlich, »aus dem die Krankheiten wachsen« (vgl. 2, S. 78).

Paracelsus betrachtete den Menschen als Mikrokosmos, der im kleinen ein Abbild des Makrokosmos darstellt. Für ihn existierte eine allen Körpern innewohnende Lebenskraft, der Archeus. Auf den einzelnen wirken nun verschiedene Einflüsse und Kräfte, die zu Krankheiten führen können, wenn der Archeus nicht stark genug ist. Die krankhaften Veränderungen entstanden nach seinem Verständnis in verschiedenen Sphären durch kosmische und klimatische Einflüsse und äußere und innere Vergiftungen. Er unterschied konstitutionelle, psychische Leiden und Krankheiten, die von Gott gesandt sind. Je nach Ursache forderte er die Auswahl der Heilmethoden. Dabei erkannte er, daß jeder Mensch und demzufolge auch seine Krankheit einzigartig ist. Daraus leitete er für den Arzt die Aufgabe ab, das Heilmittel und die Heilmethode herauszufinden, die in dem ganz speziellen Fall zur Genesung führen konnte. Zur Behandlung entwickelte er auch chemische Arzneien. Da er in seinen Rezepten zum Teil neue und bis dahin als giftig geltende Bestandteile verwendete, mußte er sich heftiger Vorwürfe seiner Widersacher erwehren.

Inwieweit sich diese wissenschaftlichen Auseinandersetzungen des frühen 16. Jahrhundert unmittelbar auf die Volksmedizin auswirkten, ist schwer zu beurteilen.

Die Volksmedizin ist eingebettet im ganzheitlichen System der Anschauungen, Gefühlswelt und Äußerungen des Volkes entsprechend dem jeweils vorhandenen wissenschaftlichen und ökonomischen Entwicklungsstand.

In einem Bericht zur Volksmedizin in Bayern äußern die beiden Autoren Christa Habrich und Edgar Harvolk ihren Standpunkt folgendermaßen:

»Bis heute blieben die meisten Definitionsversuche für ›Volksmedizin‹ unbefriedigend, weil sie entweder zu allgemein sind oder mit wissenschaftstheoretischen Methoden einem Phänomen zu begegnen suchen, das sich diesen entzieht muß, da es seine Kategorien und Systeme aus einem Weltbild bezieht, das nicht wissenschaftlichen Normen verpflichtet ist, sondern seine Wurzeln in seelischen und spirituellen Bereichen hat« (3, S. 240).

Die beiden Autoren führen weiter aus, daß die meisten Medizinhistoriker der Versuchung erlagen, Volksmedizin in antagonistischer Stellung zur Schulmedizin zu definieren. »Erst als ethnologische und volkskundliche Methoden der historisch-mythologischen Betrachtungsform, wie sie z. B. für Max Höfler typisch ist, dem das Verdienst gebührt, die Volksmedizin als Quelle für die Volkskunde erschlossen zu haben, an die Seite traten, wurden neue Perspektiven eröffnet« (3, S. 240).

Im Erzgebirge hat sich vor allem Dr. Ernst Köhler (1829–1903), Lehrer, Naturwissenschaftler und Volkskundler, Gründer des Erzgebirgsvereins, um dieses Thema verdient gemacht.

Seine Untersuchungen zur Volksmedizin als einem Stück Kultur und Sittengeschichte führten ihn bis zur Darstellung des Laborantengewerbes. Mit seinem Buch »Zur Geschichte des ehemaligen Arznei-Laborantengewerbes im westlichen Erzgebirge« gab er einer Anzahl anderer Autoren die Anregung, sich tiefgründiger mit den besonderen Bedingungen dieses Sektors zu befassen. Wie es sich z. B. an der umfassenden Sammlung der Restformen der Volksmedizin in Sachsen in dem Buch »Aberglauben und Zauberei in der Volksmedizin« von Carly Seyfarth und den vielen Beiträgen zu tangierenden Themen von Dr. Gustav Sommerfeldt, Dr. Walter Weiß und Dr. Siegfried Sieber zeigt.

Für die Erörterung des Gegenstandes dieses Buches bilden die folgenden Überlegungen von Probst, die er in seinem Buch »Fahrende Heiler und Heilmittel Händler« zum Verhältnis von Medizin und Volksmedizin gemacht hat, eine ausreichende Basis.

»Bis ins 19. Jahrhundert standen sich zwei medikale Kulturen (Michael Stolberg) gegenüber und griffen zugleich ineinander: die Schulmedizin und die Volksmedizin ... Die Volksmedizin beruhte gleichermaßen auf empirischen, magischen und religiösen Konzepten, enthielt auch wesentliche Bestandteile der Humoralpathologie, was sie wiederum mit der Schulmedizin verband« (4, S. 44, 46).

So naheliegend die Gemeinsamkeiten zwischen der Volksmedizin und der Arbeit des Arznei herstellenden Laboranten auf den ersten Blick sein mögen. Die Arbeit des

Laboranten war vor allem auf Erwerb und Gewinn ausgerichtet, ist also dem Gewerbe zuzurechnen. Daß es dabei zwischen den einzelnen Vertretern durchaus unterschiedliche Motive und Zielrichtungen gab, soll im weiteren erörtert werden.

Das wissenschaftliche Umfeld und andere Voraussetzungen für die Entstehung des Laborantengewerbes

Die Herausbildung des Arzneilaborantengewerbes ist keine spezifisch sächsische oder erzgebirgische Erscheinung, ähnliche Entwicklungen sind auch für Thüringen (Königsee, Oberweißbach), Schlesien und darüber hinaus für Tirol und Ungarn nachgewiesen.

»In Thüringen lokalisierte es sich im Schwarzatal und in den Ortschaften auf den umliegenden Höhen, später auch in einigen Ortschaften Sachsen-Meiningens. In Sachsen faßte es im westlichen Erzgebirge Fuß, in Schlesien in Krummhübel im Riesengebirge und in den Nachbardörfern Arnsdorf und Steinseiffen« (5, S. 43).

Die Gebirgswiesen, mit ihrem reichen Kräuterbewuchs, bildeten eine natürliche Voraussetzung für die Arzneibereitung.

Den Bewohnern dieser Gegenden dienten die Kräuter schon lange vor der gewerblichen Vermarktung als willkommene Nahrungsergänzung, zum Würzen und zum Heilen. Gerade letzteres war für die Menschen wichtig, da es im Mittelalter und selbst noch im 16. und 17. Jahrhundert an Ärzten mangelte. Die medizinische Versorgung der Gebirgsbevölkerung lag mehr oder weniger in ihren eigenen Händen. Ausnahmen gab es nur in Form der Berghospitale in den Bergbauzentren, in denen kranke Bergleute medizinisch versorgt wurden. Über die ersten Anfänge des menschlichen Umgangs mit Pflanzen und ihre Nutzbarmachung schrieb Peickert folgende einleuchtende Vermutungen:

»Sobald der Mensch festgestellt haben mag, daß dem Genuß einer Pflanzenart Leibschmerzen folgten, wird er sie nicht mehr gegessen haben, ... Nachdem er festgestellt haben mag, daß nach dem Verspeisen einer andern Pflanzenart, die er zur Stillung seines Hungers verzehrte, Krankheiten schwanden, wird er die betreffende Pflanzenart im Bedarfsfall zum Zwecke der Heilung konsumiert, also als Arzneimittel angewendet haben.

Wir finden bei vielen Naturvölkern neben physikalischen Heilmethoden schon Pharmakotherapie, auch scheint die Pflanzenheilkunde der Anwendung anderer Arzneistoffe vorausgegangen zu sein« (5, S. 23).

Die Erfahrungen mit Pflanzen und die Zuordnung einer Anzahl dieser zu Heilkräutern beruhen auf einem entwicklungsgeschichtlich langen Prozeß, in dessen Verlauf auch einige schon einmal gemachten Erkenntnisse wieder verlorengingen.

Erste schriftliche Unterlagen über die Kräuterheilkunde gehen auf ägyptische Priesterärzte zurück.

Griechische und römische Ärzte und Gelehrte, wie Hippokrates (5./4. Jahrhundert v. Chr.), Diokles (4. Jahrhundert v. Chr.), Theophrastos (372–287 v. Chr.), Plinius (23/24–79 n. Chr.), Galen (129–199 n. Chr.) schufen umfangreiche Werke über die Erzeugung und Anwendung pflanzlicher Arzneimittel.

Diokles schrieb eines der ältesten griechischen Kräuterbücher. Er verzeichnete darin eine Vielzahl von Pflanzen, ihren Standort, die Art der Gewinnung und ihre medizinische Verwendung.

Im Mittelalter erweiterten vor allem arabische Ärzte, wie Avicenna (um 980-1037) und Ibn El Baitar (Ende 12. Jahrhundert-1248) den Wissensschatz über Pflanzen. Ibn El Baitar faßte das botanische Wissen seiner Zeit zusammen und kommentierte Angaben über die Heilpflanzen.

Im abendländischen Raum haben im Mittelalter die Klöster eine wichtige Rolle für den Anbau, die Untersuchung und die Nutzung von Pflanzen gespielt.

Die Kirche und die Geistlichen pflegten alle höhere Kultur, so auch die Arzneiwissenschaft. Für die Zeit des frühen Mittelalters spricht man direkt von einer Mönchsmedizin. Die geistlichen Ärzte bezogen sich bei der Ausübung der Heilkunst sehr stark auf die Bibel. Die Krankheit, als Züchtigung Gottes gedeutet, sollte dementsprechend durch Bußetun und durch Salben mit heiligen Ölen heilbar sein. Gleichzeitig wurden zur Versöhnung, Gebete an die Schutzheiligen der katholischen Kirche gerichtet. So an die Schutzheiligen der Heilkunst St. Cosmas und St. Damian, bei der Pest an St. Sebastian und St. Rochus.

Man war aber auch ständig bemüht, die Heilkraft von Pflanzen zu erkunden. Der Abt des Klosters Reichenau, Walfridus Strabus oder Strabo (806-849), verfaßte ein Gedicht »Hortulus«, in dem die arzneiliche Verwendung von 23 Gartenpflanzen nach den Angaben der Schriftsteller des klassischen Altertums besprochen wird.

Aus dem 10. oder 11. Jahrhundert existiert ein Werk mit dem Titel »Macer floridus«. Es ist eine Art Lehrgedicht über die Heilkräfte der Pflanzen.

Besonders bekannt wurde die Äbtissin Hildegard von Bingen (1098-1179), die ein Kloster in Rupertsberg bei Bingen gründete. Ihre Werke enthalten viele volksmedizinische Elemente. Anwendung und Nutzen von Heilkräutern werden ausführlich erläutert. Die nach ihr benannte Hildegardmedizin ist gegenwärtig aufgrund ihrer ganzheitlichen Betrachtungsweise verstärkt im Gespräch und kann auf eine zahlreiche Anhängerschaft verweisen.

Im 13./14. Jahrhundert entstanden durch die Kleriker Albert der Große, Graf von Bollstädt und Konrad Megenberg medizinisch-naturwissenschaftliche Schriften.

Das Sammeln und die Verwendung von Kräutern nahm zu Beginn des 16. Jahrhunderts aufgrund des Erscheinens von Pflanzen- und Kräuterbüchern einen neuen Aufschwung.

Die umfassendere Nutzung der Erfindung des Buchdrucks mit beweglichen Lettern (erstmalige Anwendung des Verfahrens durch den Patrizier Johannes Gutenberg, Mainz 1445) machte die Bücher für einen größeren Personenkreis erschwinglich. Allerdings darf man sich die damaligen Kräuterbücher nicht so vorstellen wie unsere heutigen. Die Beschreibungen von Pflanzen wurden zumeist aus griechischen Werken entnommen und die Abbildungen wurden so ausgeschmückt und verziert, daß die Darstellung nicht dazu beitrug, die Pflanze in ihrer natürlichen Umgebung zu erkennen.

1485 erschien die berühmte Inkunabel des »kleinen Hortus Sanitatis« oder des »Gart der Gesundheit« in deutscher Sprache. Der Autor, ein Arzt, bemühte sich um naturgetreue Illustrationen und nahm dazu den Maler mit auf Reisen, damit dieser die Pflanzen, die einst von den griechischen und arabischen Ärzten beschrieben worden waren, in ihrem Mutterland betrachten konnte.

Erst zur Mitte des 16. Jahrhunderts hin wurden die Kräuterbücher häufiger ins Deutsche übersetzt, und nun veranlaßten überwiegend Ärzte, in diesen Büchern einheimische Kräuter anschaulich abzubilden. Zu nennen ist das Werk des Arztes, Botaniker und Pfarrers Hieronymus Bock (1498-1554) »New Kreutterbuch von unterscheydt, würckung und namen der kreutter so in Teutschen landen wachsen«.

Als die bekanntesten Autoren sind in dieser Reihe weiterhin aufzuzählen Otto Brunfels (1488-1534), dessen Kräuterbuch vor allem durch die naturgetreuen Illustrationen von Hans Weiditz einen großen Fortschritt erzielte; Paracelsus (1493-1541), der sich sehr für die Verwendung einheimischer Kräuter einsetzte, Valerius Cordus (1515-1544), der das erste offizielle Arzneibuch verfaßte; und Leonard Fuchs (1501-1566), der in seinem Kräuterbuch die Pflanzen systematisch und mit wissenschaftlicher Benennung versehen darstellte. Allerdings war Paracelsus ein Vertreter der Signaturenlehre, die es schon bei den Griechen gab und die nun durch ihn und andere Verfechter wieder verbreitet wurde. So schrieb er im Buch »Labyrinthus medicorum errantium« (Vom Irrgang der Ärzte) 1538: »... also sind in den Kräutern auch Glieder: Das ist ein Herz, das ist eine Leber, das ist eine Milz usw. nach Inhalt des Menschen. Das alle Herz<en> ein Herz sei<en>, den Augen sichtbar, ist nichts, sondern es ist eine Kraft und eine Tugend , dem Herzen gleich ... (2, S. 72).

Eine Arznei, die da eingenommen wird ... sobald sie in den Leib kommt, so steht sie in ihrer Form ... Also, hat sie eine Form der Füße, stehet sie in die Füße: hat sie eine Form der Hände , so stehet sie in die Hände« (6, S. 76).

Ganz profan ausgedrückt ist der Inhalt der Signaturenlehre der, daß den Bestandteilen einer Pflanze oder der gesamten Pflanze, die einem menschlichen Körperteil oder Organ gleichen, jene Kräfte und Stoffe innewohnen, die bei einer Erkrankung derselben zur Heilung führen können.

Soweit zu den medizinisch-biologischen Erkenntnissen und den Möglichkeiten ihrer Verbreitung als einer Voraussetzung für die Entwicklung des Laborantenwesens.

Die notwendigen chemischen Kenntnisse und die technischen Voraussetzungen für die Arbeit der Arzneilaboranten entwickelten sich vor allem im Bereich des Bergbaus. In den Orten des Erzgebirges, in denen das Laborantengewerbe blühte, gab es diese bergbaulichen Erfahrungen in ausreichendem Maß. Die Wechselbeziehung zwischen Bergbau und Arzneimittelherstellung wird in folgender Aussage des Paracelsus deutlich: »Also mit einem Exempel: Gott hat Eisen beschaffen, aber das nicht, das werden soll, das ist, nicht Roßeisen[Hufeisen], nicht Stangen, nicht Sicheln, allein Eisenerz, und im Erz gibt er's uns, weiter befiehlt er's dem Feuer und dem Vulcano, der des Feuers Meister ist ...

Nun jetzt folgt aus dem, daß erstlich das Eisen muß geschieden werden von Schlacken, demnach draus geschmiedet, was werden soll: das ist Alchimia, das ist der Schmelzer, der Vulcanus heißt:

Also ist's auch mit der Arznei, die ist beschaffen von Gott, aber nicht bereit bis auf's Ende, sondern im Schlakken verborgen; jetzt ist es dem Vulcano befohlen, den Schlacken von der Arznei zu tun.

Und wie ihr vom Eisen verstanden habt, also ist es auch mit der Arznei. Das die Augen am Kraut sehen, ist nicht Arznei, oder an Gesteinen, oder an Bäumen: sie sehend allein den Schlacken, inwendig aber unter dem Schlakken, da liegt die Arznei. Nun muß am ersten der Schlakken der Arznei genommen werden, demnach so ist die Arznei da: da ist Alchimia und das Amt Vulcani, da ist er ein Apotheker und ein Laborant der Arznei« (6, S. 58).

Mit diesen Feststellungen begründete Paracelsus theoretisch die Notwendigkeit der Herausbildung von Laboranten und Apothekern. Er war jedoch dem Glauben verhaftet, daß allen Dingen eine eingegebene Lebenskraft innewohnt. Erst Agricola (1494–1555) unterschied klar zwischen belebter und unbelebter Natur. Er erkannte, daß die Ärzte der damaligen Zeit kaum über mineralogische Kenntnisse verfügten. Sie wußten wohl evtl. noch einzelne Begriffe, aber nicht mehr die Zusammensetzung und Wirkungsweise. Dabei war dazu in den antiken Schriften durchaus ein beachtlicher Wissensstand darüber vorhanden, der aber besonders durch die Sprachbarriere (Latein hatte den Vorrang) kaum zugänig war. Zum anderen galt die Medizin damals als abgeschlossene Wissenschaft; man glaubte, sie aus den vorhandenen Büchern lernen zu können. Forschung bedurfte es keiner mehr. Im Zeitgeist des Renaissancehumanismus, der Wiederbelebung der antiken Autoren und ihrer Kenntnisse, machte es sich Agricola zur Aufgabe, diese Wissenslücke zu schließen und nach Möglichkeit Ergänzungen anzufügen. Er verglich die in den heimatlichen Bergwerken gefundenen Stoffe mit denen, die in den Werken der Antike erläutert worden waren. In seinem Werk »Bermannus sive de re metallica dialogus« beschrieb er u. a. Minerale und Gesteine der Erzlagerstätte St. Joachimsthal (heute Jáchymov) und gab für jedes Mineral die medizinische Verwendbarkeit an. Er soll sogar einmal geäußert haben, daß die Menschen den Bergbau allein schon der Medizin wegen betreiben müßten.

Mit der Entwicklung des Bergbaues ging auch der Prozeß der Entwicklung des Hüttenwesens einher. Der Hüttenmann mußte neben mechanischen und physikalischen auch und vor allem chemische Prozesse in seiner Arbeit beherrschen.

Neben der praxisorientierten Hüttenchemie gab es die Alchimie.

»Die Alchimie hat eigentlich immer nur zwei Ziele gekannt:

1. Gold zu machen und
2. ein Lebenselixier zu finden, das alle Krankheiten und Gebrechen heilen und womöglich den Tod hinausschieben kann« (7, S. 316).

Selbst wenn man aufgrund des zweitgenannten Zieles eine sehr enge Verbindung zwischen der Alchimie und dem Laborantengewerbe ziehen möchte, muß man doch da, wo sich die Träger des Laborantenwesens aus ehemaligen Berg- und Hüttenleuten rekrutierten, andere Wurzeln suchen. Das belegen die Forschungen des eben zitierten Autors und wird auch in seinen nachfolgenden Ausführungen deutlich:

»Die dem ›Fach‹ der Alchimisten am nächsten stehende Kunst, nämlich die spezielle Hüttenchemie und Probierkunde, ignorierte die alchimistischen Thesen. Denn der kenntnisreiche, im Harz wie im Erzgebirge bewährte Anonymus, der etwa um 1518 das erste ›Probierbüchleyn uff alle Metal‹ schrieb, hielt seine handwerkliche Kunst nahezu frei von pseudowissenschaftlichen Theorien alchimistischer Herkunft.

Die Bergbaukunde eröffnete sogar seit dem Jahr 1530 einen regelrechten Feldzug gegen die ›Chemikaster‹, als Georgius Agricola seine wissenschaftsbegründende Schrift ›Bermanus sive de re metallica dialogus‹ vorlegte (darin vermied er das Wort Alchimist generell und wendete sich nur gegen die ›Chemikaster‹)« (7, S. 330).

Peickert stellte fest, daß »der Bedarf an chemischen Arzneimitteln stieg, nachdem Paracelsus das Geschehen im Körper durch chemische Vorgänge zu erklären versucht hatte« (5, S. 24).

Die Deckung dieses Bedarfes unterstützte der Bergbau wiederum im umfassendsten Sinn.

»Hüttenwerke vermittelten erzgebirgischen Arzneilaboranten Rohstoffe und Kenntnisse. Die Blaufarbenwerke, die seit 300 Jahren Kobalt- und Wismuterze verarbeiten, die ›Gifthütten‹, in denen Arsen und Schwefel gewonnen wurden, auch ›Rauschgelbhütten‹, darin ›Fliegenstein‹ entstand, verfügten über hochentwickelte Praktiken und benutzten altüberlieferte Rezepte. Immer neue Verbesserungen der Hüttenprozesse brachten auch die Arzneilaboranten weiter.

So entstand 1571 in dem Bergbaudorf Breitenbrunn eine Hütte, um Kupferwasser und Schwefel zu sieden. 1564 erhielt ein Nürnberger Geschäftsmann einen kurfürstlichen Freibrief, im alten Zinnerstädtchen Ehrenfriedersdorf ein Hüttenwerk für Arsen zu errichten. Viele weitere ›Gifthütten‹ kamen hinzu, so in Oberwiesenthal, Beierfeld, Raschau, Geyer, Johanngeorgenstadt, bis allmählich die Freiberger Hüttenwerke zu Halsbrücke und Muldenhütten die Arsenikherstellung an sich zogen. Vitriolwerke zu Geyer und Beierfeld erreichten Anfang des 18.

Jahrhunderts eine hohe Blüte. 1744 wurde die Erzeugung von Vitriolöl (rauchender Schwefelsäure) und des ›Scheidewasser‹ (Salpetersäure) bedeutend verbessert ...

Um gewisse Arzneimittel, Oele, ›Lebenselixiere‹ usw. herzustellen, war dieses ausgebreitete Vitriolhüttenwesen unentbehrlich. In Jöhstadt wurde außerdem noch 1804 in 18 Branntweinbrennereien Spiritus zubereitet, den die erzgebirgischen Laborantenorte von dort bezogen, soweit er nicht im Jöhstädter Laborantenhaus, das mitten auf dem Markt stand, von daselbst gemeinsam laborierenden Arzneibereitern verbraucht wurde« (8, S. 492).

Wilsdorf verwies darauf, daß in nahezu allen größeren Haushalten auf dem Lande, aber auch teilweise in der Stadt, Destilliergeräte zum »Kücheninventar« zählten und zur Herstellung von Essig, Frucht- und Kräutersäften von gebrannten Wasser (mitunter nach alten Klosterrezepturen) verwendet wurden.

»Außerdem ergab sich oft die Notwendigkeit, eine ›Hauß-Appotecke‹ (Anleitungen zu deren Einrichtung erschienen seit 1534) einzurichten, wenn die privilegierte gar zu weit entfernt war; dann wurden ebenfalls dergleichen Instrumente benötigt« (7, S. 335).

Eine andere günstige Voraussetzung für das Gedeihen des Laborantenwesens stellte der natürliche Holzreichtum des Gebirges dar. Diesen nutzend, hatten sich im Erzgebirge Waldgewerbe entwickelt. Dazu gehörte die Köhlerei, die Harzgewinnung und die Verarbeitung des Harzes durch die Pechsieder. Die Holzkohle war vor allem wichtig, um hohe Schmelztemperaturen für Hüttenprozesse zu erreichen. Pech (Schaumpech) wurde zur Herstellung von Pflastern benutzt.

M. George Körner (1717–1772), langjähriger Pfarrer von Bockau und Autor einer Chronik des Ortes und anderer Schriften, nannte weitere Nutzungs- und Arbeitsmöglichkeiten.

»Und weil sie um des wohlfeilen Holzes im Gebirge mit geringern Kosten die Species vor andern selbst abziehen, distilliren und laboriren konnten, so führeten sie die trokkenen und naßen Waaren in Schachteln und Glaße, zumalen die Glaßhütte auf Carlsfeld solches mit der Zeit um ein Großes erleichterte. Man hatte nun nicht mehr nöthig, den ›Berchtholsgadnern‹ (Berchtesgadenern) viel hölzerne Waaren und kleine Schächtelgen abzunehmen, da die Handarbeiter allhier selbst anfingen, solche in Menge zu liefern ...« (A 1, S. 358).

Besonders günstig ließ sich das grüne, leicht zu spaltende Fichten- und Tannenholz verwenden. War das Holz zu trocken, so wurde es vor der Verarbeitung im Wasser erweicht und geröstet. Schon bevor das Laborantengewerbe in Bockau ansässig wurde, fertigte ein Teil der Bevölkerung vorwiegend in den Wintermonaten Tröge, Schüsseln, Schachteln und Kästchen. Wie sich die Entwicklung weiter vollzog, beschrieb Körner so: »Ein Theil der hiesigen Innwohner, welche, wegen der schönen Holzung und der nahe gelegenen Blech- und Eisenhämmer, Gelegenheit hatte allerhand hölzerne und blecherne Waaren zu fabriciren, zog mit denselben auf die Märkte, wie aus einer Urkunde vom Jahre 1628. Cap. 5. Bl. 96. erhellet. Unter diesen waren auch die Kästlein- und Schachtelmacher, welche ihre hölzerne und leeren Waaren anfänglich mit leichten und gedörreten medicinischen Wurzeln und Kräutern versahen, und sie hernach an die Aerzte, Apotheker, Chymisten, Brenner und Laboranten, wie auch andern Leuten zu Hausarzeneymitteln verkauffeten« (A 1, S. 357, 358).

Dr. Ernst Köhler hat aus den Bockauer Kirchenregistern jene Personen herausgesucht, welche mit hölzernen und blechernen Waren handelten. Darunter wurde auch ein Daniel Weiss (1599) genannt. Dabei wies man darauf hin, daß dieser Handel auf Jahrmärkten geschah, die zum Teil viele Meilen entfernt lagen.

»Die beiden Söhne des drittgenannten Daniel Weiss, nämlich ein ›Danielmichel‹ und ein ›Abraham Weiss‹ sind es nun zuerst gewesen, wie mündliche und schriftliche Überlieferungen übereinstimmend meldeten, welche mit ›einfachen Spezereien‹ handelten« (9, S. 11).

Soweit könnte dies für Bockau gelten, darf aber nicht allgemeingültig für das Erzgebirge als Ursprung des Medizinalwarenhandels angesehen werden. Es gibt in der Literatur auch zeitlich und inhaltlich andere Ansätze für die Entwicklung des Heilpflanzenanbaus und die Herausbildung des Arzneilaborantengewerbes. Dr. Walter Weiß veröffentlichte fast 40 Jahre nach Köhler seine These, die er aufgrund der geschichtlichen Darstellungen von Tschirch (Handbuch der Pharmakognosie, Leipzig 1909) gestützt sah:

»Vielleicht angelockt durch den Erzbergbau kamen Zuwanderer aus dem Westen. Einige betätigten sich als Fundgrübner im Bergbau. Andere verwendeten ihre aus dem bambergischen Heilpflanzenanbaugebiete mitgebrachten Kenntnisse« (10, S. 4).

Bezugnehmend auf die Meißnische Bergchronik (Dresden 1590) von Albinus schließt er sich aber der Meinung an, daß das Sammeln von heilkräftigen Wurzeln und Kräutern im Erzgebirge an sich schon sehr alt ist.

Die Grundlage für das spätere Fertigen und Handeln mit Arzneien bildete also zunächst einmal der Handel mit einheimischen Kräutern. Erst allmählich wurden die als medizinisch wirksam eingestuften Pflanzen zu »einfachen Spezereien« vermengt. Für den wachsenden Bedarf wurden Heilkräuter feldmäßig angebaut.

Als wichtiger subjektiver Faktor für die Entwicklung des Laborantenwesens ist zu erwähnen, daß es in fürstlichen Kreisen des 16. Jahrhunderts durchaus Mode war, sich mit der Herstellung von Arzneien, besonders Geheimmitteln, zu beschäftigen.

Für Sachsen und das Erzgebirge spielte dabei die Gemahlin des Kurfürsten August (1526–1586) von Sachsen, Anna (1532–1585), Tochter König Christians III. von Dänemark, eine ganz entscheidende Rolle. Sie war eine Initiatorin für die Gründung der Hofapotheke in Dresden um 1570. Motive, sich mit medizinischen Angelegenheiten zu befassen, gab es genügend. Auch die Mitglieder fürstlicher Familien wurden von Gebrechen und Krankheiten geplagt, und trotz der meist schon vorhandenen Möglichkeit, einen Arzt zu konsultieren, konnte das Schlimmste oftmals nicht verhindert werden. Die Kurfürstin selbst mußte einige ihrer Kinder noch im Säugling- und Kleinkindalter zu Grabe tragen. Aus diesem Kummer heraus wuchsen ihre Kräfte und ihr Wille, mit Leidenschaft und den ihr zu Verfügung stehenden Mitteln gegen den Tod anzukämpfen.

In der 1865 von Dr. Karl Weber verfaßten Biographie »Anna Churfürstin zu Sachsen« werden u. a. die medizinischen Ambitionen dieser Zeit geschildert.

»Mit eben so regem Eifer wie Anna, betrieb auch die alte Gräfin Dorothea von Mannsfeld, ... die Heilkunst ... Mit ihr, wie mit der gleichgesinnten Aebtissin zu Weißenfels, Margaretha von Watzdorf, auch einer trefflichen wohltätigen alten Dame, correspondirte Anna über medicinische Angelegenheiten und Arzneimittel« (11, S. 441, 442).

Die fürstlichen Frauen erhielten ihre Inspiration und Kenntnisse durchaus auch von kräuter- und arzneikundigen Frauen und Männern der Landbevölkerung. Ihre bessere finanzielle Stellung ermöglichte es ihnen, den Erfahrungsschatz der »Kräuterweiber« und das Wissen, welches sie aus medizinischen Schriften gewannen, in speziell eingerichteten Laboren zu untersuchen und weiterzuentwickeln. Die so ausgebrüteten Arzneien wurden zu Geheimmitteln, die man selbst verwendete oder als willkommenes Geschenk an befreundete Familien versandte. Nur in Ausnahmefällen wurden Inhaltsstoffe und das Rezept zur Herstellung der Arznei weitergegeben. Ihr berühmtestes Mittel, das »aqua vitae« hielt Anna allerdings streng geheim, und alle Bitten lehnte sie mit dem Hinweis ab, »daß es mit der Zurichtung und Destillirung dieses aqua vitae eine gar mühsame und solche Gelegenheit hat, daß man drei Jahre lang damit zu tun hat« (11, S. 456).

Eher noch tauschten die Damen Geheimrezept gegen Geheimrezept und waren sich gegenseitig bei der Beschaffung von Rohstoffen behilflich. »Wenn übrigens die Churfürstin auch, wie wir gesehn, die Mitteilung ihres Recepts zur aqua vitae verweigerte, so war sie dagegen um so freigiebiger mit dem Produkt selbst. Nicht nur daß sie , ›die köstliche Arznei, die um Geld nicht zu haben war‹, in zahllosen einzelnen Fällen während des ganzen Jahres vertheilte, so öffnete sie allemal nach hergebrachter Sitte zum Neujahr ihre Vorrathskeller und versendete viele Hunderte von Flaschen weißen und gelben Aquavits. Arm und reich, vornehm und gering, geistlich und weltlich, ward damit bedacht, zunächst im Inland die Beamten und Geistlichen und wer sonst mit dem Hof in Verbindung oder Anna nahe stand, dann im Ausland die Fürsten, Fürstinnen und deren vertraute Diener. Unter der Masse Dankschreiben für solche Gaben finden wir unter andern auch Elisabeth, die Witwe König Karl IX. von Frankreich (1577). Auch der Kaiser Maximilian und seine Gemahlin wurden alle Jahre bedacht« (11, S. 457).

Es wäre zu untersuchen, inwieweit diese vielfältigen Kontakte der Herrscherhäuser eine positive Wirkung auf das politische Klima dieser Zeit hatten.

Der Ort, an dem Anna oder ein von ihr beauftragter Destillierer die Arzneien braute, war Annaburg. Dort befand sich das mit vier großen Öfen ausgestattete Hauptdestillierhaus. »Distulirzeug« bestellte Anna unter anderem in Augsburg und Nürnberg. Aus hessischen Glashütten bezog die Kurfürstin Destillierkolben und Helme. Weber erwähnte, daß lediglich einmal in Purschenstein fünfzehn

Schock Gläser für Anna hergestellt wurden. Das Muster für diese Gläser hatte Anna selbst anfertigen lassen. Sie nahm darauf bewußt Einfluß. Soweit die Churfürstin für die Herstellung ihrer Medizin einheimische Kräuter verwendete, ließ sie diese gern aus dem Erzgebirge besorgen, da sie sie für besonders gehaltvoll erachtete. Die beiden nachstehenden Zitate werden in diesem Zusammenhang in fast jedem Artikel zur Volksmedizin im Erzgebirge angeführt.

»Ebenso erhielt der Amtsverwalter zu Schwarzenberg im Mai 1562 den Befehl, er solle ›einen Korb voll Hertzwurzel, welche die Kräuterweiber Taubenkropf nennen, und 1/2 Korb Weißwurzel graben lassen und schnell nach Torgau, daß sie nicht verwelken, schicken« (11, S. 468).

»Um übrigens der Verwüstung der heilsamen Kräuter und Wurzeln vorzubeugen, erließ Anna an den Schösser zu Schwarzenberg den Befehl, den Kräuterweibern das vorzeitige Ausgraben zu untersagen, ›da die Kräuterweiber im Amt Schwarzenberg die besten Kräuter und Wurzeln, die der Churfürst für sich graben zu lassen und zu gebrauchen beabsichtigt, vor der rechten Zeit ausgraben und Alles verwüsten, daß wir hiernach schwerlich zu solchen Wurzeln und Kräutern kommen können‹ 17. März 1564« (11, S. 468).

Von dem großen Interesse der Kurfürstin und des Fürstengeschlechts an der Herstellung von Arzneien sind mit Sicherheit bedeutende Impulse ausgegangen, die auch andere Kreise der Bevölkerung zur Nachahmung anregten. Es erfolgte eine moralische Aufwertung der Tätigkeit der Kräutersammler und derjenigen Personen, die sich schon zur damaligen Zeit mit der Herstellung von einfachen Arzneien (vorwiegend noch zur Eigenversorgung) beschäftigten. Daß man sich über Stände hinweg wechselseitig anregte und bereicherte ist anzunehmen und wird durch folgende Aussage gestützt: »Ein sehr einfaches Mittel gegen Flechten sendete auch die Kaiserin 1570, ›einen Korb voll Aepfel, die dafür dienen und eine Handsalbe, die man auf ein Tüchlein streicht und auf die Flechten legt‹. Die Kaiserin selbst nennt es ›eine Pawer (Bauer)kunst‹« (11, S. 471).

Als weiterer Faktor für die Ausprägung des Laborantengewerbes ist die ständig drohende Seuchengefahr zu nennen.

»Erzittre Welt, ich bin die Pest,
Ich komm in alle Lande.
Und richte mir ein großes Fest;
Mein Blick ist Fieber, feuerfest
und schwarz ist mein Gewande.«

H. Lingg (1820–1905)

Die Pest kam im 14. Jahrhundert in das Gebiet des heutigen Europas.

Der schon oben genannte Dichter läßt die Pest sprechen: »Ich bin der große Völkertod, ich bin das große Sterben.«

In einem 1930 erschienenen Aufsatz mit dem Thema »Als die Pest unsere Heimat vergiftete« setzte sich Willi Jacob, ein Gymnasiallehrer und Heimatforscher aus Schneeberg, mit der Pest und ihrem Auftreten im Erzgebirge auseinander. Er vertrat schon damals den von gegenwärtigen Wissenschaftlern bestätigten Standpunkt, daß Chronisten des 10. bis 14. Jahrhunderts fast alle epidemisch auftretenden Krankheiten, die große Bevölkerungskreise erfaßten, als Pest bezeichneten. Das führte bei späteren Untersuchungen zum Thema zu Verwirrungen. Ungefähr ab dem 14. Jahrhundert wurden Pestepidemien genauer beschrieben.

In groben Zügen unterscheidet man die Drüsen-, Beulen- und Lungenpest .

Es gibt viele naturalistische Schilderungen vom Auftreten und Verlauf der Krankheit. Der Scheibenberger Pfarrer Christian Lehmann (1611–1688) zeichnete in seiner Chronik »Historischer Schauplatz des meißnischen Obererzgebirges 1699« ein mehrere Seiten umfassendes, grauenvolles Bild von der Seuche und den Zuständen in den Zeiten, da die Pest das Leben und Sterben und regelrecht alle Handlungsabläufe diktierte.

»Sie fället an mit ungewöhnlichen Frost/ auch Schrecken und Schwindel/ innerlicher Hitze und Unruhe/ Mattigkeit in allen Gliedern/ Haupt-Schmertzen/ Rücken- und Seiten-Stechen/ schweren Odem/ hitzigen Augen/ Vertrocknung des Mundes/ brennenden Durst/ Blutstürzungen

... Es schiessen Carfunckel und Brand-Drüsen auf in Weichen/ unter den Achseln/ hinter den Ohren/.« Er erklärte noch viele weitere Krankheitszeichen sehr detailliert und für unser heutiges Verständnis recht drastisch und endete mit den Worten: »Ist also kein Wunder/ daß

die Pest/ nachdem sie mit einem oder andern Zufall auf das schrecklichste grassiret/ so vielerley Nahmen führet« (12, S. 959, 960).

War diese Krankheit einmal ausgebrochen, so veränderte sie das Leben in der Stadt oder auf dem Land tiefgehend und aufs schrecklichste.

So handelt ein weiteres Kapitel bei Lehmann »Von mercklichen Jammer und Hertzleid bey grassirender Pest«.

»Anno 1639 hinterliessen die Soldaten eine schädliche Krankheit in Scheibenberg/ davon die Nachbarn um die Pfarr wegsturben/ darunter auch ein alter Schuster Georg Nobis mit seinen Weibe. Ihr kleines Töchterlein von 2 Jahren lieff um die toden Eltern in der Stube und schrie was es kunte/ wie ein armes Vöglein nach Gottes Hülf und Rettung/ biß es der Rath ließ heraus nehmen/ und durch seiner Mutter Schwester erziehen/ darzu sie 10 Gulden schenckten: Und ist dieses Kind groß und alt worden. Zu Lengfeld war Zeit grassirender Seuche grosses Elend/ Hunger und Noth bey den Armen in versperrten Häusern. In einem Hause war alles ausgestorben/ bis auff etliche in der Stuben versperrte Kinder/ welche für Jammer und Hunger erbärmlich geheulet und in die Fenster eingebissen« (12, S. 977).

Bei beiden Zitaten liest man von »versperrten Häusern«. Es war eine Form der Prävention, um die weitere Ausbreitung der Seuche einzudämmen oder zu verhindern. Jene Häuser der Stadt, die infizierte Personen beherbergten, wurden besonders gekennzeichnet oder von Pestschließern direkt verbrettert. Die Betroffenen konnten keinen mehr anstecken, jedoch auch kaum mehr als durch einen Fensterspalt Hilfe erhalten. Viele flüchteten auf das offene Feld und schlugen ein notdürftiges Quartier auf, da man der Meinung war, daß die verdorbene Luft in den verseuchten Dörfern, besonders aber in den Städten zur Infizierung führte. Es sind ebenso Fälle überliefert, da man Pestkranke in den Wald trieb und sie ihrem Schicksal überließ. Die Habseligkeiten der Pestopfer wurden verbrannt, das Haus mit Weihrauch, Wacholder und anderen Kräutermischungen ausgeräuchert. Willi Jacob fand bei Beier und Dobritzsch (»Tausend Jahre deutscher Vergangenheit in Quellen heimatlicher Geschichte des Leipziger Kreises«, 1911) eine absonderliche Räuchermasse von Pech, Schwefel, Salpeter und geraspeltem Horn beschrieben.

Händler wurden überprüft und mußten nachweisen, daß sie ihre Waren nicht aus seuchenbeladenen Orten bezogen hatten. In Städten wurden Bade- und Trinkstuben geschlossen. Trotzdem gelang kaum eine vollständige Isolierung der Kranken. Bestechungsgelder verfehlten ihre Wirkung auch damals nicht und manch falscher Passier- und Totenschein zog den schwarzen Tod nach sich.

Die zur Vorbeugung der Krankheit benutzten Mittel beruhten auf den Anschauungen der Säftelehre und bestanden im Schröpfen, Schwitzen, Purgieren, Aderlassen und in der Aufnahme von Mitteln, die die Lebenskraft steigerten. Wie verschiedene Chroniken des 17. Jahrhunderts überlieferten, galt Branntwein als vorzügliche Arznei und als Lebenswasser.

»Im Lande herumziehende Quacksalber hatten ›teutschen Balsam‹ oder ›balsamum pestilentiale‹ (meistens war es nur Wacholderextrakt, d. V.), mit dem jeder bubo pestilentialis (jede Pestbeule) bestrichen werden sollte, weiter Pestöl und Pestsalbe, womit petechiae pestilentiales (Pestmale und Pestflecke) behandelt werden sollten, Pestpillen, Pestpflaster zum Ausziehen der Geschwülste, Pestpulver, Pesttränke, acetum antipestiale (Pestessig), Pestwein, Pestwurz, Pestkraut u. a. m. War der Tumor pestilentialis (die Pestgeschwulst) durch erweichende Pflaster und Umschläge möglichst schnell zur Eröffnung gebracht, so wurden junge Hähne oder Kröten aufgesetzt und festgebunden; sie sollten das Gift aus den Beulen herausziehen« (13).

Pfarrer Johannes Mathesius (1504–1565), der viele Jahre in Joachimsthal wirkte, gab für die Pestzeit den Menschen folgende Hinweise: »... läßt sie nicht an vergiftete Orte und Häuser gehen, hält sein Haus rein, räuchert abends und morgens mit Vitriol, Wermut, Lorbeer, Eichenlaub, setzt heiße Ziegel, Gefäße mit Wasser in die anrüchigen Zimmer, zündet große Lichter an, wie man bei den Kranken viel brennende Wachskerzen mit Myrrhen zur Arznei der Umstehenden halte, ... braucht Einhorn, Mithridat und andere Latwergen, ißt gebeizten Wacholder oder Raute, Feigen, Nüsse, frische Butter, Pimpernell, Allant, trägt Zitwer, Angelica, Meisterwurz unter der Zunge ...« (14, S. 87).

Georgius Agricola, ein Freund und Zeitgenosse Mathesius, hatte in seiner Funktion als Stadtarzt von Chemnitz bei der in den Jahren 1552/53 in Sachsen wütenden Pest die Kranken außerhalb der Stadtmauern in einem Haus isoliert, um so weitere Ansteckungen zu vermeiden. Er hatte dieses Verfahren bei seinem Aufenthalt in Venedig kennengelernt und nannte entsprechend dem italienischen Vorbild den Aufenthaltsort der Kranken Lazarett (nach der Insel Lazaretto). Seine Kenntnisse über die Pest faßte er in einem 1554 erschienenen Buch »de peste libri III« zusammen.

Große Schwierigkeiten, ihr Amt auszuführen, hatten die Pfarrer. Da sie mit vielen Menschen zusammentrafen, war für sie die Gefahr der Ansteckung besonders groß. Innerhalb dieser Berufsgruppe gab es viele Opfer zu beklagen. Nicht alle waren stark genug, um am Ort auszuharren. Es gab auch Pfarrer, die mit ihrer Familie in pestfreie Gebiete flüchteten. Besonders gefährlich war die Arbeit der Pestprediger, die in größeren Gemeinden und in Städten angestellt wurden und denen die seelsorgerische Betreuung der Pestkranken oblag. Im Erzgebirge lieferte die Geschichte des Pestpfarrers von Annaberg, der mit der Übernahme dieses Amtes ein eigenes, früheres Vergehen erfolgreich sühnte, reichhaltigen Stoff für literarische Werke und fürs Schauspiel.

Schon frühzeitig versuchte man, mit Pestordnungen und -mandaten der Seuche Einhalt zu gebieten.

1463 erließ Kurfürst Friedrich II. (1412–1464) eine Pestordnung für Dresden.

1506 erweiterte Herzog Heinrich (1473–1541) diese Ordnung auf ganz Sachsen (vgl. 15).

1552 erließ Kurfürst Moritz (1521–1553), und 1553 und 1564 Kurfürst August (1526–1586) weitere Ordnungen.

Trotzdem hatte jede Pestwelle ihre eigenen Gestzmäßigkeiten. Lehmann sagte dazu: »Man hat schöne Pest-Ordnungen gemacht/ die inficirten Leichen anatomirt/ durch diesen Schnitt den Gifft zu exploriren/ Collegia transferirt/ Thore versperret/ Pässe verhauen/ Häuser geschlossen/ Auffseher/ Pestilentiales, Doctores, Barbierer/ Pest-Männer und Todengräber verordnet/ Artzneien und Lebensmittel angeschafft/ und dennoch bey grossem rumor der Seuche/ Unordnung nicht verhüten können ...

Dieberey und Spitzbüberey nahm mit der Pest überhand/ daß solches Raub-Gesinde rotten-weiß/ durch wachsame Aufsicht der Obrigkeit hinaus gejagt worden« (12, S. 983, 985).

Der Stadtphysikus Dr. Nestler verfaßte 1625 eine umfangreiche Pestordnung für Schneeberg, die aber leider nicht mehr auffindbar ist.

Anfang des 18. Jahrhunderts wurde eine fast unüberschaubare Flut an Kontagionsmandaten (Seuchenverordnungen) erlassen.

1713 verabschiedete man ein spezielles Mandat über die Seelsorge in Pestzeiten.

Ein Mandat vom 10. Oktober 1721, welches aus Anlaß des Auftretens der Seuche in Frankreich und Polen erlassen worden war, untersagte sogar den Briefwechsel mit den infizierten Gegenden (vgl. 15).

Trotz allem leerten sich infolge der Pest die Häuser in den Städten, Gehöfte, und sogar ganze Dörfer verwaisten.

Schnittreifes Getreide blieb auf den Feldern, das Vieh verwahrloste und erlitt einen qualvollen Tod, weil die Besitzer verstorben waren.

»Am schlimmsten war es 1680/81, als überall strenge Absperrmaßnahmen getroffen wurden. Handel und Wandel lagen nieder, da alle Pässe und Zufahrtsstraßen nach Böhmen, Thüringen und Schlesien gesperrt und bewacht wurden ... Der Hallenser Salzhandel stand vor einer schweren Krise, der Bernsbacher Kirchenbau geriet ins Stocken, und jedes Geschäft nach auswärts, jede Ausfuhr (besonders der Olitätenhandel und das Laborantenwesen gewisser erzgebirgischer Orte) mußten unterbleiben ... Ein geregelter Schulunterricht konnte in den größeren Städten nicht mehr aufrecht erhalten werden, und manche Klasse der berühmten gebirgischen Lateinschulen war vollständig ausgestorben« (16).

Einerseits hemmte die Pest manchmal vorübergehend das Geschäft der Laboranten. Andererseits aber verursachten die häufig auftretenden verheerenden Seuchen ein Klima des Schreckens, so daß die Mehrzahl der Bevölkerung in ihrer Hilflosigkeit geneigt war, jedes Mittel, welches zur Vorbeugung oder Heilung der Pest dienen sollte, zu kaufen. Die Atmosphäre der Angst und des Grauens bereitete neben anderen schon benannten Faktoren den Boden für einen günstigen Absatz.

Selbst im Bockauer Kirchenbuch findet sich dazu ein bestätigender Eintrag:

»Der alte Danelmichel, welcher einer der ersten Arzneihändler gewesen und zur Pestzeit viel Geld verdiente, ...« (A 2).

Im Zusammenhang mit der Pest entwickelten sich für jede Phase der Krankheit, also Ursache, Verbreitung, die Möglichkeiten der Infizierung und der Heilung eine Menge an Irrglauben, Geschichten und Legenden. Neben den selbst aus heutiger Sicht relativ brauchbaren oder zumindest unschädlichen Mitteln gab es allerhand abergläubische Pfuscherei, die hier nur an vier »Rezepten« zur Behandlung Seuchenkranker erwähnt werden soll.

Drei Hinweise wurden von Hermann Endler, Mitglied des Vereins für Sächsische Volkskunde und Volkskunst, einem Arznei-Buch des Jahres 1696 und einer Familienchronik aus dem Jahre 1726 – 1748 entnommen.

»Vor die schwere Seuche
Laß einen Hund auffhauen, der gantz schwartz ist, nim die Gallen, und drucke die in einen Löffel voll Weinessig, warm gemacht, daß giebe dem Kranken, wenn er die Seuche hatt, so ehist und balde, wenn Ihme das eingeben kann, Je eher Je besser, und habe fleiß, daß es bei ihm bleibe.«
»Vor die schwere Seuche gar gut.
Der Mensch so mit schwerer Seuche beladen ist, trage einen Gürttel von einer ungegerbten Wolffshaut, am blosen leibe, die Krankheit rüret ihm nicht mehr an.«
»Muß einen Raben erschießen, und gib den Kranken das warme Rabengehirn mit linden Blüttwasser, es verzehrt und so mans haben kann, so gibs ihm nochmals einmal. Die Seuche kömpt nicht wieder.
Ist gewiß« (17, S. 91).
Wenn diese Patienten der Ekel nicht aufgerichtet hat, die »Medizin« war es keinesfalls.

R. Lindner, ebenfalls Mitglied des Vereins für Sächsische Volkskunde und Volkskunst, fand in handschriftlichen Aufzeichnungen aus dem Jahre 1856, also mehr als 100 Jahre später geschrieben oder gesammelt als die vorher zitierten »Seuchenmittel«, folgenden Hinweis:

»Wenn die Pest regirt, so nimm am Johannistage um Mittag in der 12. Stunde ein Gänseblümchen, grabe das Pflänzchen in ›Deinem Namen‹ um, und trage das Blümchen bei dir, sonst nichts« (18, S. 257).

Allein die hier zum Abschluß kommende Darstellung einiger Fakten der Pestseuche, zeigt die enorme Auswirkung dieser Krankheit auf alle Bereiche des gesellschaflichen Lebens jener Zeit.

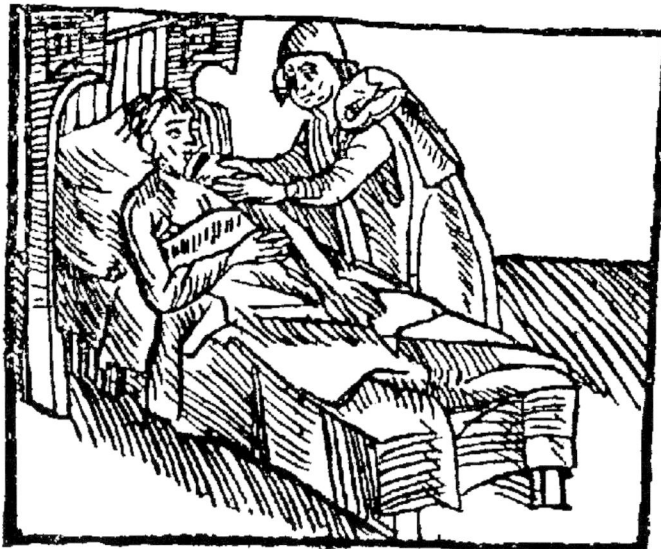

1 Ein Kranker erhält einen Trunk gereicht.
Detail nach dem Einblatt-Holzschnitt Aderlaß-Kalender auf das Jahr 1493.
Staatliche Graphische Sammlung München

2 St. Kosmas und St. Damian. Die Schutzheiligen der Heilkunst. In ihren Händen halten sie die für damalige Zeit typischen Erkennungs-attribute für den Arzt und den Apotheker: Harnschauglas und Mörser. Holzschnitt nach einer Abbildung aus: Schylhans, Wundarzneikunst. Straßburg 1517.
Erzgebirgsmuseum Annaberg-Buchholz

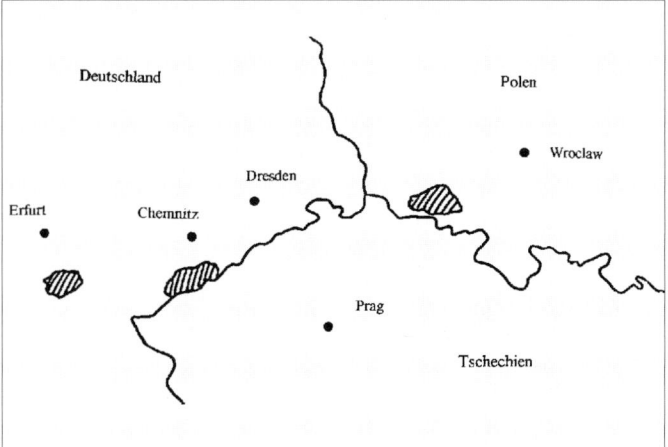

3 Die drei Hauptgebiete für das Laborantenwesen im 18. und 19. Jahrhundert in unserer unmittelbaren Umgebung. · Thüringen – Schwarzatal, Königsee, Deesbach, Oberweißbach · Westliches Erzgebirge · Schlesisches Riesengebirge – Krummhübel, Arnsdorf, Steinseiffen. Skizze.

4 Schröpfköpfe und Schröpfschnäpper, 19. Jahrhundert. Beim blutigen Schröpfen ritzte man die Haut vor Aufsetzen der erwärmten Schröpfköpfe leicht ein. Mit Hilfe der würfelförmigen Schnäpper wurden, durch Federdruck ausgelöst, mehrere Hautschnitte gleichzeitig angelegt.
Universität Leipzig, Karl-Sudhoff-Institut Leipzig

5 Aderlaß. Die Behandlung erfolgte meist durch Wundärzte und hatte zum Ziel, schlechte Säfte aus dem Körper abzuleiten. Der Aderlaß wurde bei bestimmten Krankheiten nur an gewissen, auf Aderlaßkarten genau bezeichneten Adern vorgenommen.
Nach einem Kupferstich um 1520.
Erzgebirgsmuseum Annaberg-Buchholz

6 Aufsetzen von Schröpfköpfen.
Nach einem Kupferstich um 1519.
Erzgebirgsmuseum Annaberg-Buchholz

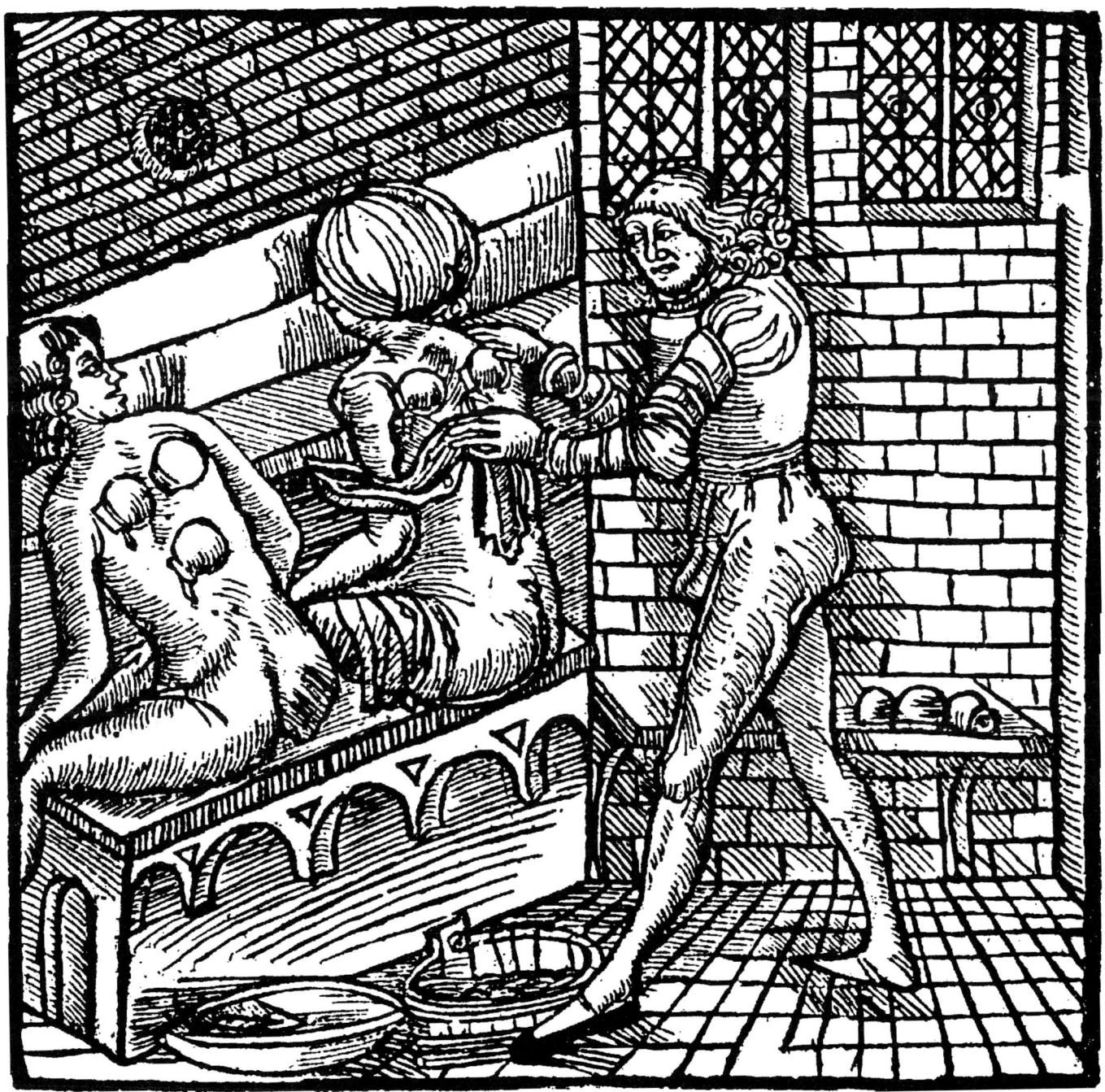

7 Aderlaßtafel mit Sternzeichen. Detail nach dem Einblatt-Holzschnitt Aderlaß-Kalender auf das Jahr 1493. Staatliche Graphische Sammlung München

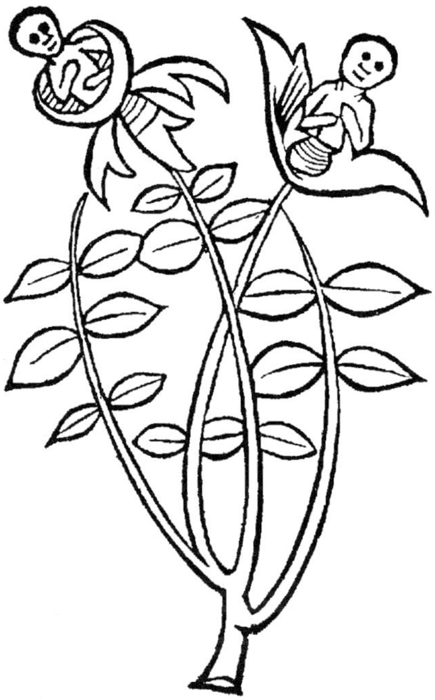

8a, b Narzisse und Paradiesbaum. Die Darstellungen der Pflanzen
waren gotisch stilisiert. Sie dienten mehr zur Ausschmückung der
Kräuterbücher, als zum Auffinden in der Natur.
Nach Holzschnitten aus: Hortus sanitatis. Augsburg 1486.
Erzgebirgsmuseum Annaberg-Buchholz

9 Feigenbaum. Hier wird die abführende Wirkung der Feigen bildlich
sehr drastisch vorgeführt.
Nach einem Holzschnitt von David Kandel aus: Bock, New
Kreutterbuch. Straßburg 1551.
Erzgebirgsmuseum Annaberg-Buchholz

10 Salbei. Im Hintergrund ist ein Kräutergarten zu sehen, der mögli-
cherweise zu einer Klosteranlage gehörte.
Nach einem Kupferstich aus: M. B. Valentin, Kräuterbuch. Frankfurt
1719.
Erzgebirgsmuseum Annaberg-Buchholz

Petasites.
Petasites.
Herba Galerita.
Ital. Petasite.
Pestilenzwurz.
Petasitenheublin.

Bechion.
Bechion.
Tussilago.
Farfarella.
Vngula caballina.
Ita. Farfara.
Gall. Patte à cheual.
Hüfflattich.
Brandtlattich.
Roßhüff.

329

Angelica satiua.
Imperatoria.
It. Angelica domestica
Gall. Angelique satiue.
Angelic.
Heilig Geystwurz.

11 Pestwurz, Huflattich und Angelika. Die farbige und sehr naturgetreue Darstellung der Pflanzen macht dieses Buch zu einem wertvollen Nachschlagewerk.
Aus: Plantarum. Frankfurt am Main 1562. Ratsschulbibliothek Zwickau

12 Titelblatt eines Arzneibuches aus dem Jahre 1577. Geschrieben von Iacobum Theodorum Tabernaemontanum, »der Artzney Doctor zu Heydelberg«.
Erzgebirgsmuseum Annaberg-Buchholz

Ein neuwes

Artzney Buch/

Darinn fast alle eusserliche vnd in=
nerliche Glieder deß Menschlichen Leibs/sampt jren Kranck=
heiten vnd Gebrechen/von dem Haupt an biß zu den Füssen/ordenlich beschri
ben/ vnd wie man dieselbigen durch Gottes Hülff/ vnd seine darzu geschaffene Mittel/ auff
mancherley weiß wenden vnd curieren sol. Von weyland dem Ehrnvesten vnd für=
nemmen Herren Christophoro Wirsung beschriben/vnd erstlich
in Druck verfertiget:

Folgends aber
Zu Ehren der Durchleuchtigen Hochgebornen Fürstin vnd
Frauwen/ Frauwen Elizabeth/ Gebornen Hertzogin zu Sachsen/ Pfaltz=
grefin bey Rhein/ vnd Hertzogin in Beyern/ fleissig vbersehen/ mit zweyen nützlichen
Registern gezieret/ in ein richtige Ordnung verfasset/ vnd auff ein
neuwes in Druck vbergeben.

Durch Iacobum Theodorum, Tabernæmontanum, der
Artzney Doctor zu Heydelberg.

Gedruckt zu Franckfurt am Mayn durch Georg Raben/ in verle=
gung Matthis Harnischs/ Buch Hendlers zu Heydelberg.
Mit Römischer Keyserlicher Maiestet Priuilegien/in zehen Jaren
nicht nachzudrucken verbotten.

M. D. LXXVII.

DISTILLATIO.

In igne succus omnium, arte, corporum *Vigens fit unda, limpida et gutissima*

13 Philippus Theophrastus Paracelsus (1493–1541).
Porträt. Detail eines Flugblattes nach einem Kupferstich aus dem
16. Jahrhundert.
Erzgebirgsmuseum Annaberg-Buchholz

14 Das Laboratorium um 1580 ist mit Mörsern, Handpressen, Glas- und
Tongefäßen sowie mit Destillieröfen mehrerer Bauarten ausgestattet.
Nach einem Kupferstich aus: Johannes Stradanus, Speculum
diversarum imaginum speculativarum. Antwerpen um 1580.

15 Mittelalterliches Apothekerlaboratorium. Kapelle
des »Hauses zum Vorderen Sessel«. Ende des
15. Jahrhunderts.
Pharmazie-historisches Museum Basel

16 Beim Ankauf und der Verarbeitung von Kräutern.
Detail des Titelholzschnittes zu: L. Phries, Spiegel der Artzney. Straßburg 1529.
Erzgebirgsmuseum Annaberg-Buchholz

17 Kräutergarten und Destillierherd. Im Vordergrund wird der Werdegang der Zubereitung von Arzneien demonstriert. Besonders beeindruckend ist der aufwendige, mit vielen Kolben bestückte Destillierherd. Im Hintergrund links wird der Blick auf eine Krankenstube freigegeben. Der am Krankenbett stehende Arzt versucht, mitttels der zur damaligen Zeit gebräuchlichen Harnschau, eine Diagnose zu erstellen. Nach einem Holzschnitt vom Meister des Trostspiegels, um 1530.
Erzgebirgsmuseum Annaberg-Buchholz

19 Inneres einer Apotheke um 1600. Mörser und Apothekerwaage als Sinnbilder für die Apotheke fehlen auch hier nicht. Sehr gern stellte man exotische Tiere und Pflanzen aus, um den Wert der Waren und das Ansehen des Apothekers zu heben.
Germanisches Nationalmuseum Nürnberg

18 Einfaches Destilliergerät. Die Destilliergefäße befinden sich auf einem Küchenherd. Solche einfachen Anlagen zur Destillation gab es in nahezu allen größeren Haushalten auf dem Lande und teilweise auch in der Stadt.
Nach einem Holzschnitt aus: G. Bartisch, Augendienst. Dresden 1583.
Erzgebirgsmuseum Annaberg-Buchholz

20 Das Dorf Rückerswalde während des Pest 1583.
Nach einem Tafelbild in der Dorfkirche Großrückerswalde.

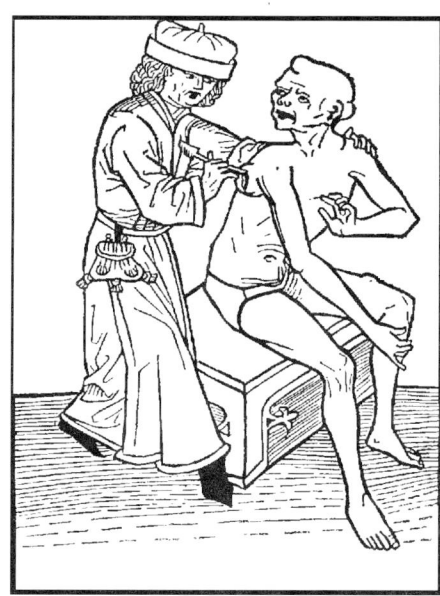

21 Die Familie von Kurfürst August. Das Gemälde zeigt August, Anna und die gemeinsamen Kinder.
Altarbild von Lucas Cranach d. J. Schloßkirche Augustusburg bei Flöha.

22 Der Pestarzt beim Aufschneiden einer Beule.
Nach einem Holzschnitt aus: Hans Folz, Spruch von der Pestilenz.
Nürnberg 1482.
Erzgebirgsmuseum Annaberg-Buchholz

23 Der Pestarzt.
Bildunterschrift: »Kleidung wider den Tod zu Rom. Anno 1656. Also gehn die Doctores Medici daher zu Rom, wann sie an der Pest erkrankten Personen besuchen, sie zu curiren und tragen, sich widern Gifft zu sichern, ein langes Kleid von gewäxtem Tuch, ihr Angesicht ist verlarvt, für den Augen haben sie große kristalline Brillen, vor der Nase einen langen Schnabel wohlriechender Spezerey, in der Hand, welche mit Handschuh wohl versehen ist, eine lange Ruthe und darmit deuten sie, was man thun und gebrauchen soll.«
Nach einem Kupferstich von Paulus Fürst nach I. Columbina, 1656.
Erzgebirgsmuseum Annaberg-Buchholz

24 Inneres eines Pesthospitals zu Wien im Jahre 1679.
Kupferstich.
Historisches Museum Wien

Zum Inhalt
der Begriffe Laborant
und Landreisender

Die Stellung des »Laboranten und Chymicus« wird im »Codex Augusteus« in der alphabetischen Auflistung vom 12. Januar 1748 bei der Entrichtung der Kopf- und Vermögenssteuer gleichgesetzt mit Amts-Kommissarius, Amts-Landrichter, Amts-Richter in kleinen Städten, Arzt oder Empirikus, Bauvogt in den Mittelstädten, Bediener von der Königlichen Livre' (vgl. 10, S. 5).

Das Wort Laborant wird in diesem Gesetzeswerk nicht genauer definiert. Es ist notwendig, bevor dieser Personenkreis untersucht wird, zu klären, wie der Begriff des Laboranten verwendet wurde, ob und wie sich sein Inhalt änderte.

Aus den Aufzeichnungen von Pfarrer Georg Körner über Bockau erfahren wir etwas über die Arzneihändler. Vom Laboranten sprach er speziell nur im Zusammenhang mit der Beschreibung der Vitriolsiederei.

»Herr Johann Gottlob Lorenz hat seit 1750 auf seiner Reise nach Steyermark, und der Orten mehr, die steyerischen Eisenwaaren nebst dem Vitriolhandel geführt und unternommen. Er war der Erste, welcher mit vielen Kosten einen Laboranten oder Vitriolsieder in sein Haus nahm, einen Brennofen erbauen ließ, und das Oleum vitrioli mit manchem Risco präpariren ließ, ... (A 1, S. 366).

Es könnte sein, daß die von ihm oder von den vorhergehenden Pfarrern in früheren Aufzeichnungen als Arzneimittelhändler bezeichneten Personen noch kein Laboratorium besessen haben.

D. h., daß sie zwar Arzneimittel hergestellt haben können, aber eben nicht in einem speziell dafür eingerichteten Laboratorium, denn in der zitierten Aussage wurde der Bau des Brennofens ja extra betont. Vielleicht nutzten die ersten Arzneilaboranten doch nur einfache Gerätschaften, die mehr noch zum Kücheninventar zählten (vgl. 7). Damit wären diese Anlagen kleiner als die des Vitriollaboranten, und das könnte erklären, daß Körner bei den Arzneiherstellern von Arzneihändlern und nicht schon von Arzneilaboranten sprach.

Wie aber könnte man die Arbeit des Arzneilaboranten beschreiben, um ihn gegenüber anderen Berufsgruppen abzugrenzen?

Das kennzeichnende Merkmal eines Arzneilaboranten war, daß er nach seinem Erkenntnisstand geeignete Ausgangsstoffe zu Medizin verarbeitete. Peickert definierte in seiner Dissertation: »Laboranten stellten Spezialheilmittel in einem besonderen Arbeitsraum, dem Laboratorium, unter Anwendung von Arbeitsteilung und auf Vorrat her, dem sich dann der Absatz der gebrauchsfertigen Arzneimittel auf einem fremden Markt durch die besondere Organisation der Balsamträger anschloß« (5, S. 43).

Somit hatte Peickert zwar eine klare Definition entworfen, mußte sich aber bei seinen Untersuchungen auf Materialien beziehen, denen diese eindeutige Zuordnung nicht zugrunde lag. So gab er für das Jahr 1767 sechzig Bockauer Laboranten an. Dabei stützte er sich auf Angaben des Haupt-Staats-Archivs (heute Sächsisches Hauptstaatsarchiv) Dresden. Dort wurden für das gleiche Jahr noch dreizehn Vitriolöllaboranten extra benannt. In diesen Akten führte man also Laboranten getrennt von Vitriollaboranten auf.

In einem Artikel von Dr. Walter Weiß über den Bockauer Gewerbefleiß im Jahre 1767 wurden alle sechzig »Arzneilaboranten und Händler« namentlich vorgestellt und angegeben, wohin sie ihre Waren zum Verkauf brachten. Weiß, der sich wie Peickert bei seinen Untersuchungen ebenfalls auf die Zahlen des Sächsischen Hauptstaatsarchivs bezog, mischt aber schon wieder die Begriffe Arzneilaborant und Händler. Er konnte sich sicherlich nicht vorstellen, daß von einhundertzwanzig erwerbstätigen Personen, die nach seinen Nachforschungen 1767 in Bockau lebten, sechzig als Arzneilaboranten tätig waren.

Das Wort Laborant kann also in dieser Zeit, Ende des 18. Jahrhunderts, auch den Begriff des Arzneihändlers einschließen.

Köhler vertrat etwa einhundert Jahre später folgende Auffassung:

»Nur einzelne Arznei-Laboranten und zwar die mit kleineren Geschäften, also meistens Anfänger, besuchten in Person die Märkte oder zogen handeltreibend im Lande umher; die grösseren Geschäfte hatten ihre Händler, an welche sie die Waren abgaben. Der Laborant besuchte dagegen die Messen, auf denen er seine Waren im Grossen absetzte« (9, S. 44).

Es wird also generell sehr schwer sein, Arzneihändler und Arzneilaboranten zu unterscheiden, da es immer wieder Neueinsteiger gab, die, wenn sie nicht gerade ein gutgehendes Geschäft übernehmen konnten, zumindest anfangs Laborant und Händler zugleich sein mußten. Alle statistischen Angaben zu Laboranten, Händlern und Balsamträgern sind demzufolge sehr kritisch zu betrachten. Nur in wenigen Fällen wird es möglich sein, zu erkunden, nach welchen Kriterien der Autor solcher Angaben die Personen zuordnete.

Auch die Landesregierung hatte größte Schwierigkeiten, die Personengruppen zu erfassen, um die Übersicht zu behalten und die entsprechende Besteuerung festzulegen. Sie forderte unter dem 23. Juni 1800 einen Bericht darüber, »welche von den Personen unter die eigentlichen Laboranten zu zählen und ›welche als bloße Handlanger und Spediteurs der Arzneien‹ zu betrachten seien« (9, S. 38).

Im Frühjahr 1808 erging ein weiterer detaillierter Befehl zur Erfassung derjenigen Personen, die Arzneiwaren fertigen und jene, die damit Handel trieben. Das läßt darauf schließen, daß die bisherigen Aufrufe noch zu keiner klaren Registrierung der verschiedenen Personengruppen geführt hatten. Bei allen Verordnungen und Erlassen zum Arzneiwesen mußte die Regierung also noch stets mit einer Dunkelziffer rechnen.

Außerdem wurden in den Akten und den Unterlagen ebenfalls der Begriff des Apothekers und des Laboranten unklar getrennt, da es unter anderem auch Doppelbetriebe gab. Peickert ist aber der Ansicht, daß es sich dabei meistens um ausgebildete Apotheker handelte, die selbst keine Apothekeninhaber waren.

Soweit zum Umfang der Bezeichnung Laborant, Arzneilaborant und Arzneihändler.*

Trotz aller Schwierigkeiten bei der Unterscheidung versuchte man jene Personen, die nur handeltreibend durch ihr Heimatland und andere Länder zogen, mit dem Sammelbegriff des Landreisenden zu bezeichnen. In der Literatur zum Thema taucht häufig diese Bezeichnung auf: »Noch sind die sogenannten Königseer, und die in dem Erzgebürgischen Creise, vorzüglich im Creis-Amte Schwarzenberg mit Crottendorf sich aufhaltenden Arzney-Laboranten und Olitätenhändler übrig. Man hat sie seit jeher unter der allgemeinen Benennung, Königseer, begriffen, ohne Unterschied, ob sie in- oder ausländische Laboranten waren ...Vielleicht sind sie aus den Wurzelleuten uralter Zeit entsprossen ...« (19, S. 50, 51).

Obwohl die Bezeichnung »Königseer« eigentlich nur die Thüringer Arzneihändler umfassen sollte, die vom Amt in Königsee ihre Pässe und andere Unterlagen erhielten, wurde also das Wort ganz allgemein für Arzneihändler verwendet.

Ansonsten kannte man für die Landreisenden mit Arzneiwaren, medizinischen oder kosmetischen Ölen die Bezeichnung Arzneikrämer, Olitätenhändler, Buckelapotheker, Balsamträger, Reffträger oder mundartlich Raasende/Raanzernde.

---

*In diesem Buch wird das Wort Laborant im Sinne des Arzneilaboranten gebraucht.

Entwicklung des Warenhandels, Rohstoffe und Produkte des Gewerbes

Übereinstimmend findet man in der Literatur zum Laborantenwesen Bockau als bedeutungsvollsten Ort für das Westerzgebirge beschrieben. Von diesem Zentrum ausgehend, entwickelten sich weitere Städte und Dörfer zu Laborantenorten oder mit diesem Gewerbe in Verbindung stehenden Zulieferer- und Händlerortschaften. Zu diesen gehörten Eibenstock, Schneeberg, Aue, Lauter, Sosa, Neudorf, Jöhstadt, Crottendorf, Tannenberg, Johanngeorgenstadt, Jugel, Hundshübel, Stützengrün, Burkhardsgrün, Steinheidel, Friedrichsgrün und weitere.

Schon im Kapitel, »Das wissenschaftliche Umfeld und andere Voraussetzungen für die Entstehung des Laborantengewerbes« wird auf die Anfänge des Handels mit einfachen »Spezereien« hingewiesen. Der Erfolg derjenigen, die die einfachen Medizinwaren selbst herstellten und damit Handel trieben, regte andere zur Nachahmung an. Hinzu kam, daß Schwankungen im Bergbaubetrieb immer wieder Arbeitskräfte freisetzten die, um zu überleben, an einer neuen Beschäftigung dringend interessiert waren. Wenn sich diese Einnahmequelle sogar noch als sicherer erwies als der Bergbau, erfolgte der Wechsel recht schnell und zum Teil auch dauerhaft.

In Bockau sah Körner aber den Ursprung des Handels mit Arzneien gar nicht so sehr im Bergbau verwurzelt. Er nannte die Schachtelmacher, die ihre Waren anfangs mit getrockneten Wurzeln und Kräutern an Ärzte, Apotheker, »Chymisten«, Brenner und Laboranten und andere Interessenten verkauften. Bei der Übergabe werden sie evtl. Einblick in den Weiterverarbeitungsprozeß der Drogen bekommen haben und zu der Feststellung gekommen sein, daß sie einfache Arzneien auch selbst herstellen könnten.

Aufgrund der Einträge im Bockauer Kirchenbuch konnte Gerhard Leichsenring, der gegenwärtige Ortschronist, nachweisen, daß die wurzelanbauenden Bauern teilweise selbst den Verkauf der Wurzeln, als Handelsreisende vollzogen. So finden sich Einträge, bei denen ein und dieselbe Person erst als Bauer und später als Handelsmann bezeichnet wird.

Der Anteil der Bergleute, die sich nach dem Bockauer Vorbild in den vielen genannten Orten als Arzneihändler betätigten, war in Eibenstock sehr hoch. Dort sprach man direkt von »Olitätenhändlerzechen«. Besonders die armen Bergleute waren gezwungen, neben der Bergarbeit noch andere Tätigkeiten auszuführen, aber sie wollten ihren Status als Bergmann nicht verlieren, da sie sonst auch verschiedene Vergünstigungen verloren hätten.

Die Ausdehnung des Handels läßt sich recht gut an den Reisezielen der sechzig Arzneilaboranten und Händler, die 1767 von Bockau aus in die Welt zogen, darstellen. Sie verkauften ihre Waren in folgenden Städten und Ländern: Altenburg, Bamberg, Brandenburg, Böhmen, Frankreich, Hessen-Kassel, Nürnberg, Österreich, Preußen, Reuß, Schlesien, Schönburg, Schwaben, Schwarzburg, Schweiz, Ungarn und innerhalb Sachsens.

Nach verschiedenen Überlieferungen haben Jöhstädter Landreisende ihren Waren bis nach Schweden und der Türkei verkauft.

Die Handelsware bestand anfangs überwiegend aus getrockneten Kräutern und wurde erst später durch Arzneizubereitungen und Spezialitäten ergänzt.

»Von besonderer Bedeutung war der Handel mit Wurzeln von Angelika, Rhabarber, Baldrian, Bärwurz, Alant, Tormentill, Bistorta oder Natterwurz, Meisterwurz und Pestilenzwurzel und daraus hergestellten Arzneimitteln, die in großen Mengen über Hamburg nach Holland und den nordischen Gegenden ausgeführt wurden« (20).

Nach Körner wurden Alant, Angelika oder heilige Christwurz, Baldrian, Bärwurz, Kardobenediktenkraut, Kamille, Melisse und ein spezieller Typ von Rhabarber, als »Rhapontik« bezeichnet, feldmäßig angebaut. »Die Uebrigen werden von Kleinen und Großen im Walde, Felde und Wiesen gegraben, gelesen und zu ganzen und halben Bieren den Handelsleuten, Chymisten und Laboranten ins Haus getragen« (A 1, S. 354).

Im Bockauer Kirchenbuch wurde ab dem Jahr 1650 immer häufiger die Berufsbezeichnung »Wurzelbauer« benutzt, und zwar nicht nur für Bockauer, sondern auch für Sosaer.

Der Anbau der Angelikapflanze (auch unter den Namen Engelwurz, Heiligengeist- oder Brustwurzel bekannt) war für den Drogenhandel und für die Arzneizubereitung besonders bedeutungsvoll. Sie ist eine vorwiegend nordische Pflanze, die jedoch bis in verschiedene Teile Asiens vorgedrungen ist. In Europa kommt sie wildwachsend, vor allem auf feuchten Wiesen, auf Flachmooren, an Bächen und Waldrändern vor.

Walter Weiß stellte durch seine Untersuchungen fest, daß die Angelikapflanze schon im 10. Jahrhundert in Skandinavien eine Marktware war. Bis ins 13. Jahrhundert wurden Angelikagärten durch Gesetze besonders geschützt. So durfte zum Beispiel jemand der auf einem gepachteten Hof einen Angelika- oder Zwiebelgarten angelegt hatte, die Hälfte der Pflanzen mitnehmen ... (vgl. 21, S. 163).

Die als Radix Prisoika von Kartäusermönchen angebaute Angelika fand Weiß 1619 in der »Kopenhagener Taxe« verzeichnet.

Die Heilkraft der Angelikapflanze spiegelt sich auch in verschiedenen Erzählungen der Erzgebirger wider.

In Bockau erfolgte die Nutzung der Pflanze nach Aussagen mehrerer Quellen ab Mitte des 16. Jahrhunderts. In den damaligen Kräuterbüchern wurde vor allem die giftaustreibende Wirkung der Angelikapflanze hervorgehoben. Man legte in Bockau überwiegend eineinhalbjährige Angelikakulturen an. Im August wurde von einer kräftigen Pflanze der reife Samen gewonnen und in den Hausgärten der Wurzelbauern ausgesät. Die Angelikapflanze keimte bereits bis zum Herbst und konnte, da die Pflänzchen nicht frostempfindlich waren, unbedeckt überwintern. Im Frühjahr richtete der Bauer das Feld her, um dann im April oder Mai die Jungpflanzen in eine Furche einzusetzen.

Die Pflanzlöcher stach man mit einem hölzernen Stock (Wurzelstößel) aus, dessen Spitze im Feuer gehärtet oder mit Eisen beschlagen war.

Bis die Pflanzen eine gewisse Höhe und Stabilität erreichten, konnte das Unkraut mit Hilfe eines Pfluges entfernt werden. Während der Wachstumsphase mußte dies mehrmals geschehen. Einer gut entwickelten Angelikapflanze konnte das Unkraut dann nichts mehr anhaben.

Es gab für einen Kleinbetrieb ebenso die Möglichkeit, daß der Samen einfach von der Mutterpflanze ausfiel und die sich daraus entwickelnden Pflanzen später versetzt wurden. Um die größer werdenden Stauden wurde die Erde angehäufelt. Für die Ernte gab es verschiedene Methoden. In Bockau ging es überwiegend um die Wurzelgewinnung. Damit sich die Wurzel besonders kräftig ausbildete, schnitten die Bauern ab Mitte Mai regelmäßig alle sich bildenden Schößlinge tief aus. Die Stauden können eine Höhe von eineinhalb bis zwei Meter erreichen. Im Frühherbst schnitt man die Röhren und Blätter. Mit den Stengeln und Blättern wurde das Vieh gefüttert. Milchkühe bekamen diese nur als Beifütterung, weil zuviel Kraut die Milch in Farbe und Geschmack verdarb. Die Wurzel wurde Anfang November mit Hilfe eines Rodepflugs oder per Hand geerntet. Nun erfolgte die Reinigung der Wurzel in den Zuläufen des Dorfbaches. Nachdem die Wurzel sauber und gut abgetropft war, wurde sie auf dem Dachboden oder direkt in der Bauernstube auf Holzstangen und -ständern vorgetrocknet. Zur Winterszeit saß die ganze Familie um die aufgestapelten Wurzeln in der Küche oder unteren guten Stube und flocht die vielen einzelnen Ausläufer einer Wurzel zu einem Zopf. »Dann ist es Zeit, den Stieglitz und Zeisig aus der Stube zu bringen, denn es ist eine bekannte Tatsache, daß die Stubenvögel an dem starken Geruch der Wurzel eingehen« (22, S. 27).

Der Trick beim Flechten war, daß immer zwei Wurzeln an ihren Enden eingeflochten wurden. Diese Art des Flechtens ermöglichte, die doppelte Anzahl auf die Darrstange zu legen.

Da die Trocknung der Wurzeln überwiegend im Wohnhaus erfolgte, wurden die Bockauer so vom Geruch eingehüllt, ja förmlich geräuchert, daß man überall ihre Herkunft erriechen konnte.

An der Angelikapflanze schätzte man besonders ihre Wirkung als stärkendes Magenmittel. Dafür sind die in ihr enthaltenen Bitterstoffe und das ätherische Öl verantwortlich.

Übersicht über die Preise für Angelika, zusammengestellt vom Bockauer Ortschronisten Gerhard Leichsenring 1994
Angelika - Preise bezogen auf einen Zentner

Jahr	Preis		Jahr	Preis		Jahr	Preis	
1848	5	Taler	1877	30	Mark	1904	25–30	Mark
1849	10	Taler	1878	27	Mark	1905	15–18	Mark
1856	11–12	Taler	1879	22,5	Mark	1906	28–30	Mark
1857	20	Taler	1880	22,5	Mark	1907	35–40	Mark
1858	12	Taler	1881	18	Mark	1908	38–40	Mark
1859	5–5,5	Taler	1882	24	Mark	1909	54–60	Mark
1860	7	Taler	1883	30	Mark	1910	52–60	Mark
1861	7	Taler	1884	40	Mark	1912	55–60	Mark
1862	4,5–5	Taler	1885	25,5	Mark	1913	18–20	Mark
1863	4,5–5	Taler	1886	26	Mark	1914	20	Mark
1864	5	Taler	1887	14	Mark	1920	400*	Mark
1865	9	Taler	1888	18	Mark		1200**	Mark
1866	10–10,5	Taler	1889	23	Mark	1921	200*	Mark
1867	14	Taler	1890	14,5	Mark		1000**	Mark
1868	7	Taler	1891		Mark	1922	3000*	Mark
1869	8	Taler	1892	45	Mark		40000**	Mark
1870	8	Taler	1893	45	Mark	1932	2,75*	Mark
1871	9	Taler	1894	23	Mark		20**	Mark
1872	8	Taler	1900	36	Mark	1932		
1873	10–11	Taler	1901	30–33	Mark	Dez.	60	Mark
1874	7–7,5	Taler	1902	25–30	Mark	1953	100	Mark
1875	18–20	Taler	1903	27–30	Mark	1955	162	Mark

* ... grün   ** ... getrocknet

In den 70er Jahren erfolgte die Währungsumstellung von Taler auf Mark (1 Taler = 3 Mark).

Weiß gab an, daß um 1730 Angelika einhundertzentnerweise nach Amerika exportiert wurde und 1767 selbst alte und älteste Heilpflanzenanbaugebiete von Bockau aus beliefert wurden (vgl. 10, S. 6).

In Bockau gab es fast durchgängig ein Nebeneinherbestehen von Drogenhandel und Handel mit Verarbeitungsprodukten aus Drogen. Wobei der Anbau und Handel von Drogen früher begann und später endete. Köhler gab an, daß noch im Jahre 1883 in der Amtshauptmannschaft Schwarzenberg 21,25 ha mit Arzneikräutern bepflanzt waren. An diesen Anpflanzungen von Angelika, Baldrian, Huflattich und Rhabarber beteiligten sich außer Bockau auch die Ortschaften Lauter und Neuwelt. Der Bockauer Angelikahandel existierte bis ca. 1990 und soll auch wieder belebt werden.

Chroniken, alte Rezeptbücher, Konzessionsanträge, Visitationsprotokolle oder Berichte über konfiszierte Waren von Arzneihändlern geben Aufschluß über die Produktpalette der Laboranten. Sie fertigten Universal- und Spezialmittel, in unterschiedlichsten Zubereitungsformen. Dazu gehörten u. a.:*

*Die Schreibweise wurde unverändert aus den Quellen übernommen.

1. Verschiedene Tees – Erzgebirgs-Kräuterthee, Brust- und Lungenthee
2. Balsame – Der Gnaden und Lebensbalsam, Wiener Balsam, Engel Balsam, Englischer Universal-Balsam, Teutscher Balsam
3. Pulver – Schneeberger Haupt-, Hirn- und Flußpulver (Schnupftabak), Lebenspulver, antispasmodisches Pulver, Laxierpulver, Wurmpulver
4. Tinkturen – Tinctura Solaris, Tinctura Lorall, Tinctura Bezoardica, Haupt-Tinktur, Kinder-Tinktur
5. Essenzen – Essentia Murrhae, Essentia Liquorum, Essentia dulcis, Essentia amara, Magenessenz
6. Elixiere – Elixir Juni peri, Elixir Stomach Stoughton, Elixir pectorale, Elixir vitae, Elixir proprietatis (einst von Paracelsus entwickelt)
7. Öle – Universal Lebensoel, Bergoel, Hamburger Lebensöl, Oleum coct. Hypnic., Oleum coct. Lumbricor.terr.
8. Spiritusse – Spiritus apoplecticus, Spiritus lavendelae, Spirtus Salis ammoniac. vin., Spiritus Nitri dulcis
9. Liquores – Liquor anodymus, Gallen- und Magentropfen, Liquor annodyn. min. Hoffm. (Hoffmanns-Tropfen), Schlagwasser, Stougthon
10. Pflaster – Wund- und Heilpflaster, Zugpflaster, Schneeberger zweier Brüder Heil-Pflaster
11. Pillen – Haupt- und Flusspillen
12. Latwergen – Electuarium Lenituum, Latificans Almansoris, Mithridation

Der Schneeberger Schnupftabak und Dr. Stoughton Magentropfen oder -bitter sind zwei besonders berühmt gewordene Spezialitäten.

Schnupftabak wurde seit dem 17. Jahrhundert in Bockau hergestellt, erst von einem Michael Weiß, dann von seinem Schwiegersohn Johann Lang, in dessen Privileggesuch von 1737 das Pulver genauer beschrieben wurde. Im weiteren Verlauf übernahmen die Vettern Engelhard und Jakob Christian Lang die Herstellung. Der Heimatforscher Walter Weiß fügte seinen Ausführungen über Arzneiwaren die Aufschrift einer solchen alten Bockauer Arzneischachtel hinzu, die folgenden Wortlaut hatte: »Dieses wohl appretierte Extra feine Haupt Hirn und Fluß Pulver des Tags 2 bis 3 mahl geschnupft ist gut vor den Schwindel und Flüsen stärket das Gedächtnis wird

Sugericht von Engelhard und Jacob Christian Lang von Bockau bey Schneeberg« (10, S. 7).

Überliefert ist auch die Geschichte des Jakob Trögers, der sich seit 1645 im Ratsdorf Oberschlema (zu Schneeberg gehörig) mit der Erzeugung und dem Verkauf von Arzneiwaren beschäftigte. Sein gleichnamiger Sohn stellte »Haupt- und Flußpulver«, also auch nichts anderes als Schnupftabak her. Allerdings durfte Jakob Tröger jun., nachdem er 1690 nach Dresden gezogen war, aufgrund einer Eingabe der Schwiegersöhne seines Bruders Johann Andreas Tröger nicht mehr die Bezeichnung Schneeberg vor seine Arzneiwaren setzen. Und über die Nachahmung der Produkte klagten die Inhaber der Schneeberger Firma Tröger schon 1763: »Unsere Medikamente als z. E. das Schneebergische Heilpflaster, Lebensbalsam, Elixir vitae pestilentiale, Lebenspulver, Brust-Zucker und dergleichen unterscheiden sich von anderer examinirten Arbeit durch den Namen Schneeberg. Nun ziehen aber solche Pfuscher mit ungeprüfter Medizin unterm Namen Schneeberg umher. Sie drucken Schlagzettel nach. Sie verkaufen Schächtelchen Schneeberger Schnupftabak (nachgemachten) für 3 Pfennige, da wir hingegen dasselbige iederzeit vor 2 Groschen verkaufen und wegen der kostbaren und vielen nützlichen Kräuter nicht anders verlassen können« (35, S. 61).

Traugott Heinrich Friedrich, ein weiterer Bockauer Produzent, hat für seinen Schnupftabak den Erläuterungstext von Engelhard und Jakob Christian Lang wie folgt abgewandelt: »Dieses edle gerechte und approbirte Schneeberger Haupt- Hirn- und Flußpulver. Tags etlichemal gebraucht als Schnupftabak, ist gut für den Schwindel, vertreibet die Flüsse, stärket das Gedächtnis und führet viele Feuchtigkeit aus dem Haupt.«

Ob er auch die Zusammensetzung des Mittels verändert hat ist nicht mehr nachweisbar.

Für das Jahr 1823 gibt es Hinweise darauf, daß die Eibenstocker Laboranten Traugott Ludwig Großmann und evtl. auch Christian Ferdinand Gnüchtel und Jacob Friedrich Meichsner Schnupftabak herstellten.

Über die Zubereitung des Schnupftabaks gibt es ebenso viele verschiedene Auffassungen, wie über seinen Ursprung.

Lehmann schrieb in seiner Chronik: »Den Schnupftabak macht man aus Majoran-Zaupen und Johannis-Blumen« (12, S. 882).

Die Schneeberger Druckerei Fulde veröffentlichte 1747 sogar eine aus dem Französischen übersetzte Schrift zu Inhaltsstoffen und Wirksamkeit des Schnupftabaks mit dem Titel »Tobackhistorie, nach den medizinischen Lehrgründen«.

In einem Rezeptbuch aus dem Jahre 1906 werden als Hauptbestandteile des Schnupftabaks Mehl, weiße Nieswurz, Bergamottöl, Zitronenöl, Zimt(kassien)öl, Lavendel- und Sassafrasöl angegeben. Aber jeder Hersteller hat das Rezept etwas variiert und nach seiner Ansicht verbessert.

Das Besondere des Schneeberger Schnupftabaks ist seine weiße Farbe und die Tatsache, daß er nicht wirklich Tabak enthält.

In der »Königlich privilegierten Adler Apotheke« in Schneeberg mischte man den »Echten Schneeberger Schnupftabak« im Jahre 1820 erstmalig zusammen.

Noch heute ist es möglich, eine kleine Dose davon zu erwerben.

Ähnlich wie beim Schnupftabak ist auch die Entstehungsgeschichte des Magenbitters von Stoughton von vagen Vermutungen ummantelt. Das Rezept soll der englische Arzt Dr. Stougthon entwickelt haben. Ob er selbst je nach Bockau oder nur sein Rezept ins Erzgebirge kam oder alles nur eine Erfindung eines geschäftüchtigen Laboranten war, ist nicht bewiesen.

Zur Wirkung des Mittels heißt es in einer Werbeschrift: »Es erwecket einen guten Appetit zum Essen, stärket den geschwächten und erkälteten Magen und befördert die Verdauung ... Bei Schwermut, Herzensangst und Bangigkeit, Flußfiebern und Beklemmung des Herzens nimmt man einen halben Eßlöffel voll zu sich, es treibet sogleich einen gelinden Schweiß und stärket die geschwächten Glieder ...« Außerdem soll es noch alle »Unreinigkeiten« und »Verschleimungen« abführen und die Menschen vor Ansteckung und Epidemien schützen. Um die Echtheit zu prüfen, sollte man zu den Tropfen etwas Wasser hinzufügen, daraufhin erfolgt bei einem vorschriftsmäßig produzierten Mittel ein Farbumschlag von dunkelviolett nach dunkelgrün.

Es gibt sogar einige kleine Episoden um dieses Elixier, die von der großartigen Heilwirkung erzählen. Damit man sich über die Aussprache des Namens nicht den Kopf zerbrechen mußte, wurde Stougthon zu Stockdumm verballhornt. Auch diese Spezialität wird noch hergestellt und zum Verkauf angeboten. Und selbst wenn nicht alle Versprechungen der Werbeschrift in Erfüllung gehen, so ist es doch unbestritten ein wohltuendes Magenmittel.

Mit ihren Produkten bedienten die Laboranten nicht nur die Bevölkerung, sondern auch Laienbehandler oder Pfuscher, Bader, Hebammen und selbst Apotheker (vgl. 4, S. 48).

Für die Herstellung der zusammengesetzten Mittel benötigten die Laboranten auch Stoffe, die sie von weither bezogen.

Die fremden Drogen wurden als Aromata bezeichnet. Dazu gehörten z. B. Zimt, Nelken, Muskat, Myrrhe, Safran, Kardamom, Kampfer und Lorbeer. Diese Drogen nahmen von Venedig, später von Genua aus, in unzähligen Ballen ihren Weg nach Deutschland, »das vom Süden her durch die Nürnberger Kaufleute, vom Norden her – (über Portugal und die Niederlande) – zuerst durch Italiener und Portugiesen, dann durch die Hanse mit ›Spezereien‹ versorgt wurde« (5, S. 54).

Für die Laboranten war eine gut funktionierende Verbindung zu den Städten Nürnberg und Hamburg eine Basis für erfolgreiche Geschäftstätigkeit.

Größere Handlungen, wie die von Traugott Heinrich Friedrich, C. H. Baumgarten, und auch andere Handelsgesellschaften, kauften seit dem Anfang des neunzehnten Jahrhunderts Ausgangsstoffe (Kräuter, Gewürze u. a.) und Verpackungsmaterialien in solch großem Umfang ein, daß sie in der Lage waren, kleine Laborantengeschäfte bedarfsgerecht zu beliefern.

Die wohl größte Bedeutung bei den Verpackungsmaterialien besaßen das Glas und die Spanschachtel in allen Größen und Variationen, den jeweiligen Erfordernissen des Inhalts angepaßt. Selbst Flaschen und Schachteln wurden für den Transport in große Holzspanschachteln verpackt, die zum Schutz gegen Regen in Säcke von Kalbfell eingehüllt und dann auf dem Reff fest verschnürt wurden (vgl. 5). Aus einem Visitationsprotokoll aus dem Jahr 1829 geht noch hervor, daß auch Schweinsblasen und Schachteln sowie Kapseln aus Papier als Verpackung dienten.

Mit wachsenden Handelsmengen lohnte es sich für die Laboranten auch, den Transport ihrer Waren von Reffträgern auf Fuhrleute umzustellen, was sich wiederum günstig auf die Entwicklung des Fuhrwesens auswirkte. So hatte der Handel mit Drogen und Arzneiwaren einen ungeheuren Belebungseffekt auf die Zuliefergewerbe, wie

Druckereien, Schachtelmacher, Glashütten, Hersteller von Materialien für den Verschluß (anfangs Bienenwachs und Pech, später Kork, um 1800 auch Siegellack) u. a. m.

Über die Ausstattung der Produktionsstätte des angesehenen Arzneilaboranten Meichsner gibt ein Visitationsprotokoll aus dem Jahr 1821 des Kreisphysikus Dr. Zeune Auskunft.

Er fand folgende für die chemischen Operationen nötigen Dinge, vor:
– Destillier- und Digerieröfen
– gläserne Retorten, Vorlagen und Phiolen in verschiedensten Größen
– eiserne Kolben
– mehrere eiserne Mörser
– Schneidebretter mit Messern zum Zerkleinern der Wurzeln und dergleichen
– Siebe

»Hierbei muß ich bemerken, daß der Laborant Meichsner den zu seinen Mitteln, nämlich den Tincturen, den verschiedenen sogenannten Balsamen und dergleichen, nöthigen Spiritus nicht selbst verfertigt, sondern denselben aus inländischen großen Brennereien bezieht und ihn nur rectifiziert« (A 3).

Anschließend untersuchte Zeune die Materialkammer, in der die erforderlichen rohen Arzneiwaren, wie Wurzeln, Rinden, Kräuter, Samen und Früchte in hölzernen Kästen oder Schachteln deutlich bezeichnet gelagert wurden:

»Andere aber, nämlich die Harze- und Gummiresinate in Gläsern, wohl verwahrt und ebenfalls deutlich überschrieben, die Stoffe in flüssiger Gestalt aber, nämlich die ätherischen Oele, den peruanischen Balsam und dergleichen, in gläsernen Flaschen mit eingeriebenen Stöpseln und dem Kampher in einem luftdicht verschlossenen sogenannten Zuckerglase und noch in Blase sorgfältig eingehüllt« (A 3).

Meichsner und andere etablierte Arzneilaboranten besaßen neben Labor und Materialkammer auch Geschäfts- und Büroräume. Teilweise kamen noch Schankstuben hinzu.

Als Ergänzung zu den Gerätschaften, die ein Laborant für seine Tätigkeit braucht, könnten noch hölzerne und eiserne Pressen zur Gewinnung von Pflanzensäften, Pillenpressen, Waagen und Gewichte benannt werden.

Kleinere Produzenten konnten sich diese Ausstattung nicht leisten. Sie waren oftmals gezwungen, alles in ihrem Wohnhaus unterzubringen oder die Ausgangsstoffe, möglichst schon fast fertig verarbeitet, von einem großen Laborantengeschäft abzukaufen, um dann nur noch bestimmte Mischungen selbst vorzunehmen.

M. E. gab es keine speziellen oder nur für Laboranten typische Arbeitsgeräte, Gefäße u. ä., sondern sie nutzten teilweise das normale Kücheninventar und natürlich all die Geräte und Hilfsmittel, die auch die Apotheker gebrauchten.

25 Eine Flasche Angelikadiktiner vor einem Angelikafeld. Aufnahme um 1920.
Abbildung aus einer Werbeschrift der Firma Traugott Heinrich Friedrich.

Möglichkeiten
der
Werbung

Trotz der Tatsache, daß den Laboranten und Arznei-händlern noch kein Rundfunk und Fernsehen zur Verfü-gung stand und sie allerlei Beschränkungen hinnehmen mußten, bedienten sie sich verschiedener Mittel und Me-thoden der Werbung.

Der Inhalt macht uns mit dem vertraut, was damals für die Menschen erstrebenswert und wichtig war, welche Krankheiten sie vorwiegend gequält haben und welche Vorstellungen man darüber entwickelte.

In der Anfangsphase bestanden die absatzfördernden Maßnahmen wohl vor allem in der Mundpropaganda und in einem vertrauenerweckenden Äußerem. Viele Hausie-rer traten im Bergmannshabit auf und nutzten die allge-mein positive Einstellung der Bevölkerung dazu, um ih-ren Verkaufsgeschäften Seriosität zu verleihen. In vielen Reisebeschreibungen wurde den Hausierern unterstellt, daß sie bereits beim Eintreten in die Stube des Käufers geschickt erkannten, was dieser am nötigsten brauchte, an welcher Krankheit er litt, und dann verkündeten, daß ge-rade sie die passende und wirksamste Medizin mit sich führten. Waren keine Anzeichen für eine bestehende Krankheit zu erkennen, appellierte man an das Angstbe-wußtsein des Kunden, indem man auf immerwährende Gefahren, z. B. Seuchen, hinwies und die eigenen Mittel als Vorsorgepräparate oder eben Mittel, die in keinem Haushalt fehlen dürften anpries. Den Königseer Händ-lern wurde sogar unterstellt, daß sie ihre Kundschaft durch ihr Auftreten so geängstigt hätten, daß manche Bauern vor lauter abergläubischen Befürchtungen sogar Geld borgten, um ihnen etwas abzukaufen.

Auch das Aufsagen von Sprüchen gehörte zur Methode. Dafür einige Beispiele:

»Baldrian und Bibernell,
hält die Pestilenz zur Stell.«
»Angelika, Engelwurz genannt,
hilft für Cholera, Pest und Brand.«
»Angelika ist manchen vertraut,
Die beste wird in Bockau gebaut.«
»Trinkt Bärenwurz und Baldrian,
so kommt ihr alle gut davon!«
»Wer Stoughton trinkt,
sich das Leben verjüngt!«
Und etwas drastischer in Mundart:
»Freßt nur Rapuntika, sinsten kimmt ka Mensch derva!«

Eine andere Art der Werbung war beim Verkauf auf Jahr-märkten und anderen Märkten möglich und nötig. Die Form der Darbietung der Waren auf öffentlichen Plätzen hatte zur Blütezeit des erzgebirgischen Laborantenwesens bereits eine lange Geschichte. Nach Geiler von Kaisers-berg (1445–1510) war der Ausdruck »er hat ein geschrey wie ein Zanbrecher oder Tryackerskrämer« schon zum Sprichwort geworden. Sogar die Bezeichnung Scharlatan (vom ital. ciarlare, schwatzen) soll vom Geschwätz der Marktschreier abgeleitet worden sein (vgl. 23, S. 44).

Man bemühte sich sehr einfallsreich, die Aufmerksam-keit der Marktbesucher auf sich zu lenken, um dann die Wirksamkeit der mitgebrachten Mittelchen zu demon-strieren. Als Synonym für die Krankheiten oder als ihre Sendboten wurden Schlangen, Kröten oder Würmer in ei-nem Behälter eingesperrt und dem Publikum präsentiert. Damals war der Glaube, daß diese Tiere den Körper krank machen oder ihm selbst innewohnen, z. B. Herz-würmer, noch sehr verbreitet. Die »Wunderärzte« zeigten vor den Augen der staunenden Menge, wie man mit Hilfe ihrer »Medizin« die Krankheit besiegte. Was nichts ande-res bedeutete, als daß mit irgendeinem Trick die wehrlosen Tiere zu Tode gebracht wurden. Die Nützlichkeit und Kraft der Arznei war beeindruckend und für jedermann sichtbar nachgewiesen und die so überzeugte Kundschaft nun zum Kauf bereit.

»Sehr oft war der in einem Talar würdig gehüllte fahrende Heilkünstler mit einem in bunter Narrenjacke gekleideten Hanswurst geschäftlich vereinigt, der durch derbe Späße und Possen und durch Trompetenstöße die Kundschaft anzulocken hatte und weiter auch verpflichtet war, die große Kunst seines Meisters zu rühmen. Zum Schauplatz diente dem Künstlerpaar eine Marktbude oder eine öffentliche Tribüne, welche mit Teppichen, chirurgischen Werkzeugen, Arzneistandgefäßen, Doktordiplomen und Attesten herausgeputzt war« (23, S. 44).

Inwieweit man so eine Beschreibung auf die Arzneihändler des Erzgebirges beziehen kann, ist ungewiß; die Grenze zwischen Arzneihändlern und fahrenden Heilern war aber bestimmt sehr fließend. Sieber schrieb in einem Manuskript über das Apothekerdorf Bockau, daß der größte Teil der kleinen Hausierer die Jahrmärkte besuchte. »Auf dem Dresdner Jahrmarkt standen meist zwanzig Arzneibuden nebeneinander, alle mit teuer bezahlten landesherrlichen Privilegien und Wappen verschiedener Staaten, wo sie zugelassen waren, prunkend« (24).

Außerdem schmückte man auch die Verkaufsstände mit Empfehlungs- oder Dankschreiben von zufriedenen, möglichst namhaften Kunden.

Einen ganz wesentlichen Bestandteil der Verkaufswerbung bildete die Verpackung der Tees, Pflaster, Tinkturen, Elixiere und Olitäten.

Da viele Mittel als besondere Spezialität gehandelt wurden, mußte auch die Hülle das einmalig Wertvolle zum Ausdruck bringen. Bunte oder glänzende Papiere wurden deshalb bevorzugt verwendet.

Man nutzte auch die geforderte Kenntlichmachung der Waren für Werbezwecke und ließ später sehr ausdrucksstarke Etiketten herstellen. Verschiedene Hausierersprüche vermischt mit Angaben zum Hersteller zierten die alten Bockauer Arzneischachteln, dafür vier Beispiele:

»Angelika, Engelwurz genannt, hilft für Cholera, Pest und Brand. Gottfried Friedrich, Arzneihändler in Bockau i. Erzgeb. 1757.«

»Beschwerden aller Art – heil ich nach bester Art. Bockau, zu haben bei C. F. Weiß.«

»Für allerhand menschliche Gebrest – helfen diese Pillen aufs allerbest!«

»Geld brauchst Du nicht zu haben in der Tasche – hast Du nur den Wundertrunk in der Flasche« (25, Nr. 281).

Angesehene Laborantenfamilien besaßen ein eigenes Wappen und kennzeichneten damit ihre Waren. Auf dem Wappen der Familie Tröger war ein geschirrtes Pferd im Schilde, und über dem Wappenhelm ein breiter Federbusch (vgl. 26).

Jedoch nicht alle auf Medizinalschachteln angebrachte Zeichen können als Familienwappen oder Hausmarken bewertet werden. Gustav Sommerfeldt stellte z. B. fest, daß das Zeichen des 1785 in Bockau verstorbenen Johann Michael Weiß keine Hausmarke, sondern ein bedrucktes Papierblättchen war, das lediglich der Reklame diente. Solches Zubehör wurde gewerbsmäßig von einer Zwickauer Firma für die Interessenten des Laborantenfachs hergestellt. So waren Wünschelrute, Blümlein und Bergmann Symbole des Handels, die viele Laborantenfamilien des Erzgebirges nutzten (vgl. 27).

Ein weiteres großes Feld der Werbung waren die Versprechungen über die Wirkung der Mittel, die anfangs mündlich geschahen, später dann in schriftlicher Form als Handzettel oder gar als ausführliche Werbeschriften oder -büchlein dargereicht wurden.

Dabei umhüllte man den Ursprung der Arzneien gern mit Legenden und verlegte ihn ins Ausland. Auf diese Art und Weise sollte dem Kunden die Besonderheit des Mittels suggeriert werden. Das erhöhte den Absatz und unbewußt auch das Vertrauen des Käufers in die Heilwirkung. So war beiden Teilen gedient. Obendrein konnte sich der Produzent bei Nichteintritt der versprochenen Wirkung vor Vorwürfen schützen.

Der Handzettel für die »Essentia – Antispasmotica oder krampflindernde und besänftigende Essenz« hat einen Umfang einer A4 Seite. Neben kurzen Einnahmehinweisen dominieren lange Ausführungen über die Verwendung des Mittels bei verschiedenen Krankheiten und Empfindungsstörungen, die alle aufgezählt werden. Auf diesem Zettel sind das rund 35 Krankheitszustände. Die Palette umfaßt Steinschmerzen, Magendrücken, Kopf-, Zahn- und Ohrenschmerzen, Flußfieber bei Pocken und Masern bis hin zum Blutspeien. »Es kann also sicher und mit Nutzen in dergleichen Krankheiten gegeben werden, denn es temperiret vornämlich die Bewegung der flüssigen und festen Theile, machet einen gelinden Schweiß, und treibet den Urin, durch welche Wege die schwefligen salzigen Unreinigkeiten des Bluts, welche vornämlich eine Hitze in demselben erregen, aus dem Körper hinaus geführet werden. Daher nicht eine Krankheit, in welcher dieses angenehme Medikament nicht seinen Nutzen zeigen sollte« (28).

Die Werbestrategie ist an diesem Beispiel sehr deutlich erkennbar. Indem den Kunden klargemacht wird, daß das Mittel gegen fast jede Krankheit hilft, gibt es keine vernünftige Begründung, es nicht zu kaufen. Allein der Besitz dieses Mittels wäre doch ein Schatz für jede Hausapotheke.

Ähnlich aufgebaut ist auch der Inhalt des Handzettels für die Augsburger Lebensessenz von Dr. Kiesow:

»Dieses unvergleichliche Medikament verdient mit Recht den Namen Lebensessenz, indem bisher noch keine Arzney gefunden worden, welche in den mehrsten schweren Krankheiten solche geschwinde und augenscheinliche Hülfe leistet, wie diese: so viel rühmens auch immer von manchen Medikamenten gemacht wird. Sie stellet nicht nur die verlorene Gesundheit wieder her, sondern erhält dieselbe, und stärket sie; verlängert mithin das Leben.

Da ungemein viele Krankheiten von einem verdorbenen Magen und schlechter Verdauung und aus dieser verschleimtes Geblüt und andere schlechte Säfte, als der Zunder zu den mehrsten Krankheiten, entstehen, diese Lebensessenz aber insbesondere ein Freund des Magens ist, so werden durch deren Gebrauch alle dieselbe, besonders die hier angeführten Krankheiten und Beschwernisse glücklich und nach Wunsch kurirt ...

Es giebt Personen, so viele Jahre krank gelegen denen nichts hat helfen wollen, die aber durch anhaltenden Gebrauch dieses herrlichen Medikaments einzig und allein wieder hergestellt worden: bisher 74 Exempel.«

Danach schildert Kiesow die verschiedensten Krankheitszustände und führt recht großzügig die Dosis und Dauer der Einnahme des Medikamentes an. Das Blatt endet mit folgendem Hinweis:

»Es befindet sich auf den aechten viereckigen Flaschen, auf der einen Seite der kaiserliche Adler, mit der Inschrift gedruckt, wie neben steht aufgeklebt; die Inschrift aber in der Flasche auf der andern Seite eben so im Glas fabrizirt, welches zugleich die Adresse Autoris ist, deren sich diejenigen, so diese Essenz von ihm selbst, oder in Kommissi-

on, gegen ansehnlichen Rabat, verlangen, bedienen können. Die ganze Flasche kostet 1 fl. 20 kr. und die halbe 40 kr.« (28).

Dem Inhalt nach ist der Autor den Vertretern der Säftelehre zuzuordnen. Da er (falls Kiesow tatsächlich der Autor war) sicher nicht so geschrieben hätte, wenn kein Mensch mehr an diese Theorie glaubte, könnte es durchaus ein Hinweis darauf sein, daß die Vorstellungen im Kundenkreis von Kiesow noch aktuell waren. Im Gegensatz zu dem vorherigen Beispiel versuchte er, seine Medizin durch pauschales Aburteilen anderer Medikamente zu empfehlen. Er sprach den Wunsch der Menschen nach einem möglichst langen gesunden Leben direkt an und wähnte sich im Besitz des richtigen Mittels. Zur Bekräftigung gab er sogar die Zahl von 74 Personen an, denen kein Arzt mehr helfen konnte und die nur aufgrund der regelmäßigen Einnahme seiner Medizin wieder »auferstanden« seien. Der Gefahr, die in solcher Behauptung liegt, scheint er sich bewußt gewesen zu sein, denn seine Formulierung »anhaltender Gebrauch« sagt nichts über die Dauer der Behandlung und Schnelligkeit des Erfolgs.

Die ausführliche Beschreibung der Flaschenform im letzten Abschnitt der Werbeschrift, beweist die Furcht vor Nachahmung und zeigt, wie man versuchte, die eigenen Präparate zu schützen.

Besonders erfolgreiche Geschäftsleute konnten es sich leisten, eine Werbeschrift für ihre Produkte drucken zu lassen. So veröffentlichte der Eibenstocker Laborant Großmann im Jahre 1768 ein kleines Büchlein mit dem Titel:

»Innen beschriebene und Durch unzählige Proben
probat befundene
MEDICA - MENTA
sind
Bey einem Geschwornen Chymico ac Destillatore in
Churfürstenthum Sachsen
in Eybenstock bey Schneeberg
Um einen billigen Preiß
zu bekommen.«

Das Vorwort ist in der Art einer Entschuldigung für die folgende Werbung geschrieben. Ein Schreibstil, der auch aus anderen Veröffentlichungen dieser Zeit bekannt ist. »Da Ich dir eine Beschreibung folgender Artzeneyen mittheile, so übergebe dich nicht im Richten, daß du meynen wolltest, es geschehe solches aus einer eitlen Ehrsucht, oder sündlichen und betrüglichen Geldschneyderey. Das Absehen ist bloß die Ehre Gottes, und den armen und Hülfsbedürftigen Nächsten damit zu dienen. Es haben ja diese Medicamenta bereits viele Jahre her herrliche Proben an unzähligen Personen abgelegt, und sich von selbsten dermassen bekannt gemacht, daß es unnötig scheinet, auch mir nimmermehr würde im Sinne kommen seyn, eine Beschreibung davon in Druck gehen zu lassen, so ich nicht sowohl von guten Freunden, als auch vielen anderen Personen inständigst darum ersuchet worden, welchen zu willfahren, ich mich billig verbunden achte, daß sie mögen richtige Sachen bekommen. Dieses wird mich auch hoffentlich wider allen Verdacht schützen. Lebe demnach wohl, geneigter Leser, und gebrauche folgende Artzneyen mit andächtigen Gebet unter Göttlichen Segen, so wird der heilsame Effect derselben zu erwünschter Gesundheit nicht aussen bleiben, welches ich dir von Herzen wünsche« (A 4).

Die sich anschließende Erläuterung seiner Mittel gleicht in den medizinischen Anschauungen und in der Art der Formulierung den Handzetteln, was schon ein kleiner Ausschnitt zur Beschreibung des »Elixir Vitrioli« beweist: »Es ist, wie die Erfahrung bezeuget, keine köstlichere und kräftigere Artzeney für den Magen in der ganzen Medicin zu finden, als dieses Elixir. Daher kurz von der Sache zu reden, ist es ein hohes und unvergleichliches Geheimnis wider allerley Zufälle des Magens. Erstärcket den Magen und das Eingeweide des Menschen über alle Maßen, so erkältet seynd ... bewahret den Menschen vor den Schlag ... trocknet das Haupt und den gantzen Leib, so mit vielen phlegmatischen Flüssen angefüllet seynd, und behütet dieselben vor allem Schmertzen, welche öfters von Unreinigkeit des Magens entstehen, und einem das Hirn zerrissen. Man soll es in Betonienwasser oder Wein, wider den Magen aber in sauren Magen-Wasser, in allen Fiebern aber in klein Tausendgülten-Kraut-Wasser, oder Cardobenedicten-Wasser, jedesmahl I. Quintlein oder 40 bis 50 Tropfen Morgens und Abends einnehmen« (A 4).

Die Säftelehre war also auch für Großmann die theoretische Ausgangsbasis für die Herstellung seiner Medikamente. Das hier vorgestellte Mittel unterscheidet sich aber von den vorher zitierten dadurch, daß es doch vornehmlich als Magenmittel erkennbar ist, während die anderen ja den Anspruch des Universalmittels hatten.

Natürlich spielte die Namensgebung für die Verkaufbarkeit der Arzneiwaren ebenfalls eine Rolle. Dabei werden oft mehrere werbewirksame Aspekte vereint.

Die Namen werden verbunden mit bedeutenden Städten oder fernen Orten, mit wertvollen Materialien, mit dem Verwendungszweck, dem Ziel der Behandlung und mit berühmten Persönlichkeiten. Damals wie heute trauten viele der in der Ferne gedeihenden Pflanze mehr Heilkraft zu, als der hinterm Haus wachsenden. Und auch im aktuellen Wettbewerb um Kunden werden bekannte Schauspieler und Sportler und andere als Werbeträger genutzt. Außerdem verwendete man gern auch lateinische oder zumindest fremdklingende Namen, um Bildung nachzuweisen oder vorzutäuschen.

Beispiele für die genannten Schwerpunkte:
– Augsburger Lebensessenz, Schneeberger Schnupftabak, Hamburgisches Universal-Lebens-Öl, Frankfurter Haupt-Pillen, Recht-Gerechter-Schmalkaldischer Balsam sughuris, Wiener...Balsam,
– gelber und weißer Asiatischer Universal-Lebens-Balsam,
– Goldtinctur, Danziger Gold-Wasser, Dr. Stoughtons Elixir magnum stomachicum, Wurmkuchen, Heil- und Brandpflaster, Hertz-Morsellen, Tinctur miraculosa, Coralliocum, Tinctur antiepileptica, Pulvis bezoardic.

Als Weiteres wurde dem Käufer das Produkt durch die Beimengung verschiedener farbgebender Stoffe sympathischer gemacht, auch wenn sie für das Produkt selbst gar nicht nötig waren. Namen und Protokolle über beschlagnahmte Waren können darüber Auskunft geben.

Es steht zweifelsohne fest, daß manche Werbung an Betrug grenzte oder sich zumindest damit vermischte. Das Verhältnis zwischen beiden war früher sicher ebenso schwankend wie heute.

26 Teilansicht der Ortschaft Bockau zu Beginn unseres Jahrhunderts. Die weitgestreckten Wälder und Wiesen bieten für viele Pflanzen einen idealen Lebensraum.

28 Die wohlverdiente Stärkung am Feldrand. Die Arbeit des Bauern erforderte jede Hand. So waren die ganze Familie und oftmals noch Helfer im Einsatz. Um 1930.
Sammlung: Gerhard Leichsenring, Bockau

27 Beim Abschneiden der Stengel. Wenn die Staude 1–2 m hoch ist, werden die Stengel mit dem Kraut ein Stückchen über den Erdboden mit einer Sichel abgeschnitten oder abgehauen. Um 1930.

29 Reinigung der Angelikawurzel im Dorfbach. Um 1930.
Sammlung: Gerhard Leichsenring, Bockau

30 Zwei getrocknete Angelikawurzeln. Die
beiden miteinander verflochtenen Wurzel-
enden ermöglichen, daß man die Wurzel zum
Trocknen über eine Stange hängen kann.
Sammlung: Gerhard Leichsenring, Bockau

31a, b Beim Flechten der Wurzel. Einblick in
zwei verschiedene »Wurzelstuben«.
Um 1930 und um 1940.
Sammlung: Gerhard Leichsenring, Bockau

32 Angelikapflanze in einem Bockauer Vorgarten. Wertschätzung einer Pflanze, die für die Bevölkerung über Jahrhunderte hindurch eine große Bedeutung besaß.

33 Mörser und Stößel. Mörser und Stößel sind Urgeräte des Haushaltes und dienten zur Zerkleinerung von Gewürzen und Drogen. Seit dem Mittelalter benutzte man überwiegend Mörser aus Bronze. Außerdem gab es Mörser für verschiedene Ansprüche und Verwendungszwecke aus den unterschiedlichsten Materialien, wie z. B. Bein, Eisen, Glas, Holz, Marmor, Messing, Porzellan, Serpentin. Der älteste Mörser dieser Museumssammlung stammt aus dem Jahre 1688.
Städtisches Museum Zwickau

34 Arzneifläschchen aus Glas (etwa 9 cm hoch) und Salbengefäß aus Keramik (etwa 5,5 cm hoch), 18. Jahrhundert.
Sammlung: Götz Altmann, Schwarzenberg

35 Salbengefäß, vermutlich 1. Hälfte des 19. Jahrhunderts. Dieses Keramikgefäß (etwa 6,5 cm hoch) wurde zusammen mit vielen Keramikscherben in Scheibenberg aus einem verfülltem Bergwerksstollen geborgen.

36 Holzdosen und Glasbehälter zur Aufbewahrung von Kräutern, Pulvern und verschiedenen Arzneien.
Museum Heimatschau Eibenstock

37 Apothekerwaage. Sie wurde von den Laboranten zur Bestimmung kleinster Mengen benutzt. Museum Heimatschau Eibenstock

38 Wiegemesser mit doppelter Schneide zum Zerkleinern der Kräuter. Museum Heimatschau Eibenstock

39 Zwei Gewichtssätze. Maßeinheit Lot.

40 Etikett – Feinster Angelika-Liqueur.
In der Mitte ist eine geflochtene Wurzel
abgebildet. Im unteren Teil ist eine Destillier-
apparatur erkennbar.

41 Kranke Frau beim Chymiker.
Besonders schön zu erkennen sind die
Destillierkolben sowie die verschiedenen
Gefäße zur Aufbewahrung der Mixturen und
Ausgangsstoffe. Vorn rechts befindet sich ein
kleiner Destillierofen. An dem Ofen im linken
Hintergrund ist der Gehilfe gerade damit
beschäftigt, eine Flüssigkeit in einem Glas-
kolben aufzufangen.
Schabblatt von Thomas Hagelstein , Ernst
Philipp (Augsburg 1657 – Augsburg 1726).

Der Wundarzt hat dir zwar bald Besserung versprochen
Du fühlest sie noch nicht, verzagst an seiner Kunst.

Gehst hin zum Chimico der soll dir etwas kochen
Und dir durch seinen Rauch vertreiben deinen Dunst.

42 Das Schnupftabakmännchen. Die Figur mit der typischen Schnupfpose ziert das Haus der Schneeberger »Adler Apotheke«.

43 Etikett auf einer Bockauer Arzneischachtel, zweite Hälfte 18. Jahrhundert.
Aufschrift: »Dieses wohl appretierte Extra feine Haupt Hirn und Fluß Pulver des Tags 2 bis 3 mahl geschnupft ist gut vor den Schwindel und Flüsen stärket das Gedächtnis wird Sugericht von Engelhard und Jacob Christian Lang von Bockau bey Schneeberg.«

44a, b Originalverpackung für den Schnupftabak, den Traugott Heinrich Friedrich produzierte. Umverpackung und Spanschachtel (etwa 2 cm hoch, der Durchmesser des Ovals beträgt etwa 6 cm).
Sammlung: Karl-Heinz Schwotzer, Bockau

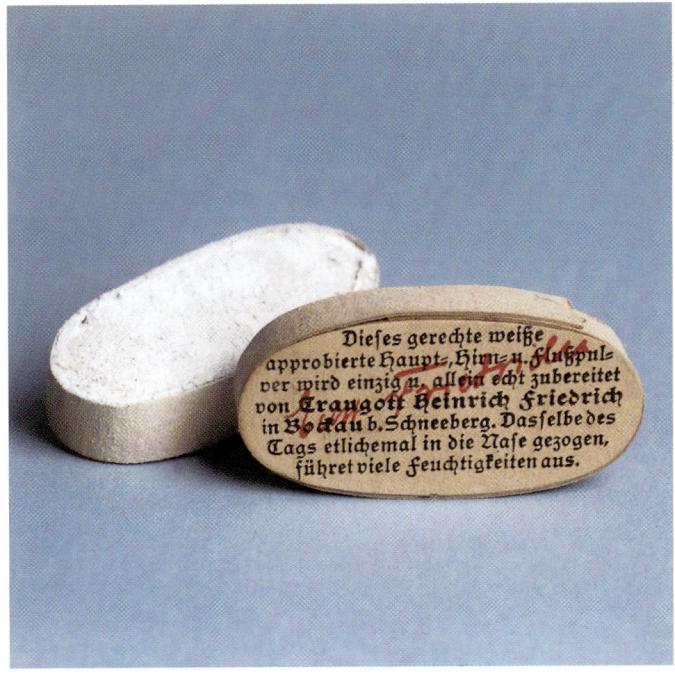

DR. STOUGHTONS

Elixir Magnum

oder

Cordial

für

Stomachicum

das große

Elixir

den Magen

Von diesem Elixir nimmt man früh und Abends 50 bis 60 Tropfen in Thee oder Wein ein. Es erwecket einen sehr guten Appetit zum Essen, stärket den geschwächten und erkälteten Magen, und befördert die Verdauung, benimmt und zertheilet alle Blähungen, und treibet die Winde aus, woraus wie gewöhnlich Grimmen, Koliken und andre Magenbeschwerden entstehen. Bei Schwermuth, Herzensangst und Bangigkeit, Flußfiebern und Beklemmung des Herzens nimmt man einen halben Eßlöffel voll zu sich, es treibet sogleich einen gelinden Schweiß und stärket die geschwächten Glieder. Dahero es in allen rheumatischen Anfällen, in Klingen und Brausen der Ohren, so wie auch in Düsternheit und Schwäche des Haupts und Gesichts treffliche Hülfe leistet. Besonders im Frühlinge und Herbst kann man sich desselben mit dem besten Erfolge bedienen, weil es bei wiederholten Gebrauch die durch die böse Luft empfangenen Krankheitsstoffe aus dem Körper treibet, alle Unreinigkeiten und Verschleimungen abführt und den Menschen vor Epidemie und Ansteckung sichert.

Anmerkung.

Um dem geneigten Leser von der Echtheit oder Verfälschung dieses Elixirs Kenntniß zu geben, verfehlen wir nicht, noch besonders zu bemerken, daß man solches auf folgende Art probiert: Man nimmt nehmlich ein Gläschen Wein oder Wasser, thut einen halben Eßlöffel voll von diesem Elixir dazu, schüttelt es um, wird dasselbe roth, so ist es ächt und nachgepfuscht, verwandelt sich aber der Wein oder Wasser in eine grasgrüne Farbe, so ist das das Kennzeichen, daß dasselbe ächt und gut sei.

Sapienti sat.

45 Handzettel zu Dr. Stoughtons »Magen-Elixier«.

Der Anbau der Angelikawurzel, dessen Anfänge bis ins 16. Jahrhundert zurückreichen, ist das Überbleibsel eines blühenden und ausgedehnten Kräuter- und Wurzelhandels. Diese Droge wird heute noch in großen Mengen feldmäßig angebaut. Durch günstige Boden- und klimatische Verhältnisse ist die Bockauer „Wurzel" besonders beliebt.

Außer in der Likörfabrikation findet die Angelikawurzel noch Verwendung in der Medizin, wegen ihrer heilsamen Wirkung. Der Anbau anderer Wurzeln und Kräuter ist zum größten Teil eingestellt worden.

Ich zeige Ihnen in diesem Heftchen einige Bilder, die einen Einblick in den Anbau der „Wurzel" geben sollen.

Neben meinem „Echten Angelikabitter" stelle ich noch nach alten Originalrezepten den „Echten Dr. Stoughton" und den „Echten Bockauer" als Spezialität her.

Wie schon der Name andeutet ist der „Echte Dr. Stoughton" ein Medizinal-Kräuterbitter, der aus über 20 verschiedenen Gebirgskräutern und Wurzeln besteht. Der „Echte Dr. Stoughton" ist ein reiner Pflanzenauszug, der infolge seiner Zusammensetzung eine wohltuende Wirkung bei Magenverstimmungen aller Art hat. Ein Gläschen Dr. Stoughton-Likör vor dem Essen getrunken regt den Appetit an.

Weisen Sie Nachahmungen, besonders Herstellungen auf kaltem Wege, zurück, denn diese sind wertlos.

Kunden, denen der „Echte Dr. Stoughton" zu bitter und zu kräftig ist, werden meinem „Echten Bockauer" den Vorzug geben. Bei diesem ausgesprochenen Magenlikör ist besonders auf einen angenehmen Geschmack Wert gelegt.

46 Beschreibung der Wirkung des »Echten Dr. Stoughton«.
Aus einer Werbeschrift der Firma Traugott Heinrich Friedrich entnommen.

47 Liste der Arzneiwaren, die Nicolaus Großmann fertigen möchte und deshalb um Konzession bittet. Die Arzneiwaren stimmen weitgehend mit den in der Werbeschrift genannten überein. Da diese bereits 1768 gedruckt worden war, kann davon ausgegangen werden, daß sie Großmann auch ohne Konzession schon jahrelang produziert hatte. Kreisarchiv Aue

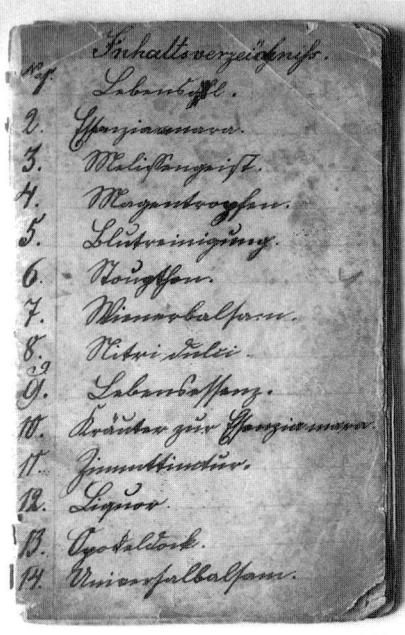

48 Inhaltsverzeichnis des Rezeptbuches der Familie Kieß aus Bockau, 19. Jahrhundert.

49 Handgeschriebenes Rezeptbuch der Familie Kieß. Die Abbildung zeigt zwei Seiten des heftstarken Büchleins mit Angaben für die Zubereitung von Hausmitteln.

50 Umherziehender Zahnbrecher und Quacksalber.
Gemälde von Jan Steen (1626–1679).
Ryksmuseum Amsterdam

Rechte Seite:
51 Fahrender Arzneihändler im Elsaß. Musikanten oder Possenreißer lenkten oftmals die Aufmerksamkeit der versammelten Menschen auf den Händler. Durch sein exotisch anmutendes Gewand, wollte er nicht nur beeindrucken, sondern auch den Wert seiner Person und seiner Mittelchen steigern. Nach einem Stich von Theodor Pirisoder Pixis, München. Aus: Die Gartenlaube, 1874.

52 Der Quacksalber. Der Stand des Arznei-
krämers hatte wohl immer etwas geheimnisvol-
les an sich und zog jung und alt in seinem
Bann.
Radierung von Adrian van Ostade
(1610–1685).

53 Der Theriakhändler. Theriak erfreute sich
als Universalheil- und Wundermittel in
früheren Jahrhunderten großer Beliebtheit.
Der Händler demonstrierte anhand der
Schlange, die entweder nur vorgezeigt oder gar
geopfert wurde, die giftwidrige Wirkung des
Mittels.
Nach einem Kupfer von H. Curti nach G. M.
Mittelli (1634–1718).
Erzgebirgsmuseum Annaberg-Buchholz

Nutzen und Gebrauch
des
Hamburgischen
Universal-Lebens-Oels.

Dieses alle Krankheiten in gewisser Maße zu curiren und die selbe zu verhindern nützliche Medicament, stärket ohne Hitze und Kälte die Kraft der Bewegung, resolviret und mindert den Schmerz, ist daher beym ersten Anfange der Krankheit, oder auch während der Krankheit selbst, wenn und wo ein Medicus vorhanden, als ein Noth-Mittel zu gebrauchen, das gemeiniglich hilft und niemals schadet.

Aeußerlich die Schläfe, den Nacken, Hals, Wirbel und Puls damit bestrichen, vor die Nase gehalten, und in der größten Dosis eingenommen, präserviret, und hemmet den Paroxismum, curiret die Ohnmachten, auch den Schwindel, die Schlafsucht, das dreytägige Fieber, die Bangigkeit, die schwere Roth oder den Anfall der Kinder und alter Leute, den Schnupfen, Husten, die Kopfschmerzen, das schwache Gedächtniß und dergleichen.

Den Leib warm damit bestrichen, und innerlich eingegeben, dienet es wider Mutterbeschwerung, das Aufstoßen der Winde, die Colic, Blähungen des Mali Hypochondriaci, die englische Krankheit der Kinder, den schwachen Magen, verlorenen Appetit, die Säure im Magen, die Würmer der Kinder, das Brechen, den Durchlauf, weißen Fluß, das Anwachsen, wie man sagt, der Kinder, bringet wieder die ausgebliebene monatliche Zeit. &c.

Innerlich gebraucht, vertreibt es ferner den stinkenden Athem, Scharbok, Wassersucht, geschwollene Füße, stärket die Schwangern, präserviret vor dem Mißfall und hilft zur glücklichen Entbindung, macht den Säugerinnen gute Milch, den Unfruchtbaren Foecunditaet.

Gleich nach der Alteration und dem Aergernisse eingenommen präserviret und curiret alle daraus entstehenden Uebel.

Die leidenden Theile warm damit bestrichen, curiret den Krampf, die Verkältung, Reißen und Schmerzen der Glieder, Gichtschmerzen, Podagra, Mundfäule, stillet das Blut der frischen Wunden, stärket das schwache Gehör vertreibet das Sausen und Klingen der Ohren, Finnen, Flechten &c.

In einer Schwamm-Dose bey sich getragen und daran gerochen präserviret vor böser Luft und divertiret die Nase.

Kurze Beschreibung
der berühmten Augsburger Lebensessenz,
welche daselbst nur allein ächt auf dem St. Ulrichs Platz Lit. B. Nr. 37 zu haben ist.

Dieses unvergleichliche Medikament verdient mit Recht den Namen Lebensessenz, indem bisher nach keine Arzney gefunden worden, welche in den mehrsten und schwersten Krankheiten solche geschwinde und augenscheinliche Hülfe leistet, wie diese: so viel Rühmens auch immer von manchen Medikamenten gemacht wird. Sie stellet nicht nur die verlorene Gesundheit wieder her, sondern erhält dieselbe, und stärket sie; verlängert mithin das Leben.

Da ungemein viele Krankheiten von einem verdorbenen Magen und schlechter Verdauung und dieser ein verschleimtes Geblüt und andere schlechte Säfte, als der Zunder zu den mehrsten Krankheiten, entstehen, diese Lebensessenz aber insbesondre ein Freund des Magens ist, so werden durch deren Gebrauch alle dieselbe, besonders die hier angeführten Krankheiten und Beschwernisse glücklich und nach Wunsch curiret, wenn man täglich zwey oder dreimal davon einen halben oder ganzen Löffel voll nimmt, mehr oder weniger, nach Beschaffenheit und Konstitution des Patienten und seiner Krankheit.

Sie zeiget überhaupt in allen Krankheiten, so von einem schwachen verdorbenen Magen, von schlechter Dauung, von Obstruktionen oder Stockungen der Säfte in den Adern und Visceribus, desgleichen von überflüssigen Feuchtigkeiten, von Galle, Schärfe, Winden, wie auch von einer Atonia oder Schwäche herkommen.

Es giebt Personen, die viele Jahre krank gewesen, denen nichts hat helfen wollen, die aber durch anhaltenden Gebrauch dieses herrlichen Medikaments einzig und allein sind wieder hergestellt worden: bisher das 74. Exempel.

Man könnte auch eine große Anzahl solcher Personen anführen, deren wundervolle und verwirrte Krankheiten auch die geschicktesten Doctores nicht einsehen und begreifen können; ja solche welche wirklich das Leben abgesprochen war, so aber dennoch durch Hülfe dieses kostbaren Medikaments ihre vorige Gesundheit wieder erhalten. Wenn das vortrefflichste Medikament, so die Arzneikunst je hervorgebracht, gegen allerhand Arten Koliken, sie thut rechte Wunder derselben, man nimmt ein oder zwey Löffel voll davon, hält sich warm, trinkt auch etwas warmes darauf. Wenn Jemand sich mit Essen und Trinken überladen, oder sonst sich übel befindet, der nehme sogleich einen guten Löffel voll hievon, so wird es sich bald bessern. Wer einen verdorbenen schwachen Magen hat, der nehme Morgens und Abends, oder nach Tische einen halben Löffel voll in ein wenig frisch Wasser oder Fleischbrühe wird ihm solchen unvergleichlich wieder zurecht bringen. Sie curiret die Gelbsucht, wenn man auch zwey mal des Tages einen Löffel voll davon nimmt. Sie curiret die hartnäckigsten Rheumatismen, oder kalte schmerzhafte Flüsse. Man nimmt des Tages zweimal einen Löffel voll davon

Es ist das vortreffliche Mittel gegen Schwindel und Ohnmachten, wenn man sogleich 1 Löffel voll davon nimmt; und so Morgens und Abends damit kontinuiret, hebt es völlige aus dem Grund.

Sie curiret das Kopfweh, besonders das halbseitige, Migraine genannt, Morgens und Abends, einen halben auch ganzen Löffel voll genommen.

Sie curiret die Engbrüstigkeit, verschleimte Brust, Halsweh, den Durchfall, die rothe und weiße Ruhr, Morgens und Abends einen Löffel voll davon genommen, und sodann kontinuirt auch jedesmal etwas warmes nachgetrunken.

Sie ist ein unfehlbares Mittel gegen allerhand Arten kalter Fieber.

Man muß täglich 1 auch 2 Löffel voll nehmen, und damit kontinuiren.

Auch ist sie das beste Präservativ und Hülfsmittel gegen ansteckende Fieber.

In der Lungensucht nimmt man einen Löffel voll des Morgens und beim Schlafengehen, und trinkt einen warmen Trunk von einem guten Brustkraut nach.

Sie ist das kostbarste und souverainste Mittel für hypochondrische und melancholische Personen dergleichen Patienten müssen täglich Morgens und Abends einen starken Löffel voll nehme so werden sie mit Verwunderung den erwünschten Effekt erhalten.

Sie curiret den Skorbut und alle von demselben herkommende Zufälle, dergleichen sind Kopf und Gliederschmerzen, Mundfäule, Bluten und Geschwüre des Zahnfleisches, übler Geruch des Mundes, Uebelkeiten, Schwindel, Ohnmachten, Herzklopfen u. s. w. Man nimmt 1 oder 2 Löffel voll des Tages. Dient daher denen vortrefflich, die sich auf die See begeben.

54 Hamburgisches Universal-Lebens-Oel – Handzettel (Vorderseite). Das Hamburgische-Lebens-Oel wird um 1820 in der Produktliste der Eibenstocker Laboranten Gnüchtel und Großmann aufgeführt. Das Rezept ist in dem Dispensatorium von Eduard Gnüchtel aus dem Jahre 1836 enthalten. Die Gebrüder Gottlob Friedrich und Gottlob Traugott Voigt erhielten 1823 u. a. auch die Konzession zur Fertigung des Hamburger Lebens-Oel.

55 Augsburger Lebensessenz – Handzettel (Vorderseite). Der Arzt Dr. Johann Georg Kiesow, der als erster die Lebensessenz entwickelt und zubereitet haben soll, lebte von 1718 bis 1786. Der Druck dieses Handzettels könnte aber auch durchaus später erfolgt sein.

56 Essentia Antispasmotica oder krampflindernde und besänftigende Essenz – Handzettel (Vorderseite). Diese Beschreibung wurde, wie auch die übrigen hier abgebildeten Handzettel, in Bockau in den 60er und 70er Jahren unseres Jahrhunderts aufgefunden. Die Bezeichnung dieser Essenz ist aber in den bis jetzt zugänglichen Verzeichnissen nie aufgetreten.

zu 15, 20 bis 25 Tropfen in schwarze Kirschwasser, in Ermangelung dessen aber in ordinairem Wasser genommen werden.

Noch mehr, es kann diese Essenz in allen denjenigen Fällen, wozu Pulvis Antispasmodicus angerathen, wenn die Patienten einen Ekel oder Widerwillen vor dem Pulver haben, gegeben werden.

ESSENTIA
ANTISPASMOTICA
oder
krampflindernde und besänftigende Essenz.

Dieses herrliche und sehr angenehme Medikament ist den nervösen Theilen unsers Körpers so zuträglich und ersprießlich, als irgend nur ein Medikament seyn kann. Denn man bedienet sich dessen in allen krampfhaften Anfällen und Krankheiten, und zwar mit gutem Nutzen, vornämlich in heftigen Nieren-, Blasen- und Stein-Schmerzen, in Schmerzen der goldenen Ader, in Podagra, reißender Gicht, Hüft-

Innen beſchriebene
und
Durch unzähliche Pröben
probat befundene

MEDICA-
MENTA

Sind
Bey einem
Geſchwornen Chymico ac Deſtillatore
in Churfürſtenthum Sachſen in Eyben-
ſtock bey Schneeberg

Um einen billigen Preiß
zu bekommen.

Gedruckt im Jahr 1768.

---

57 Titel- und Rücktitelblatt der Werbeschrift des Eibenstocker Laboranten Großmann, 1768.
Kreisarchiv Aue

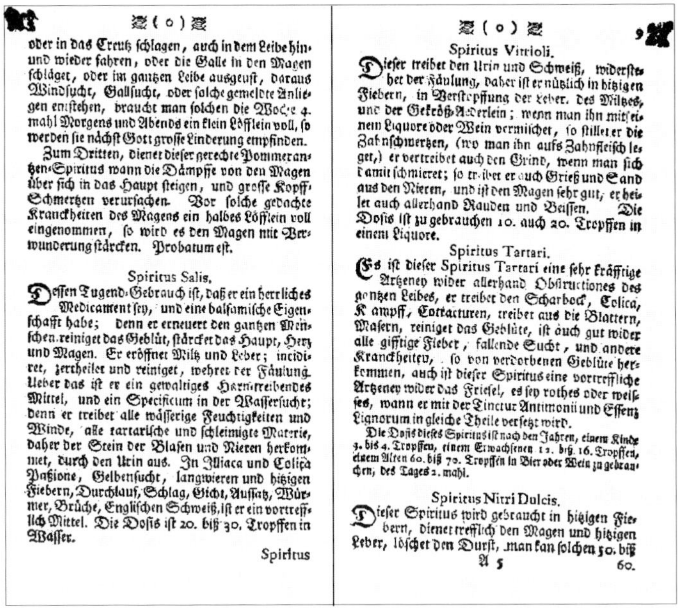

Die alte Fraktur-Werbebüchlein-Seite (Bild 58) enthält folgenden Text:

oder in das Creutz schlagen, auch in dem Leibe hin- und wieder fahren, oder die Galle in den Magen schlägt, oder im ganzen Leibe ausgeust, daraus Windsucht, Gallsucht, oder solche gemeldte Anliegen entstehen, braucht man solchen die Woche 4. mahl Morgens und Abends ein klein Löfflein voll, so werden sie nächst Gott grosse Linderung empfinden.

Zum Dritten, dienet dieser gerechte Pommeranzen-Spiritus wann die Dämpffe von dem Magen über sich in das Haupt steigen, und grosse Kopff-Schmerzen verursachen. Vor solche gedachte Kranckheiten des Magens ein halbes Löfflein voll eingenommen, so wird es den Magen mit Verwunderung stärcken. Probatum est.

Spiritus Salis.

Dessen Tugend-Gebrauch ist, daß er ein herrliches Medicament sey, und eine balsamische Eigenschafft habe; denn er erneuert den ganzen Menschen, reinigt das Geblüt, stärcket das Haupt, Herz und Magen. Er eröffnet Miltz und Leber; incidiret, zertheilet und reinigt, wehret der Fäulung. Ueber das ist er ein gewaltiges Harntreibendes Mittel, und ein Specificum in der Wassersucht; denn er treibet alle wässerige Feuchtigkeiten und Winde, alle tartarische und schleimigte Materie, daher der Stein der Blasen und Nieren herkommet, durch den Urin aus. In Miaca und Colica Passione, Gelbensucht, langwierigen und hitzigen Fiebern, Durchlauf, Schlag, Gicht, Aussatz, Würmer, Brüche, Englischen Schweiß, ist er ein vortrefflich Mittel. Die Dosis ist 20. biß 30. Tropffen in Wasser.

Spiritus

Spiritus Vitrioli.

Dieser treibet den Urin und Schweiß, widerstehet der Fäulung, daher ist er nützlich in hitzigen Fiebern, in Verstopffung der Leber, des Miltzes, und der Gekröß-Aederlein; wenn man ihn mit seinem Liquore oder Wein vermischet, so stillet er die Zahnschmerzen, (wo man ihn aufs Zahnfleisch leget,) er vertreibet auch den Grind, wenn man sich damit schmieret; so treibet er auch Gries und Sand aus dem Nieren, und ist den Magen sehr gut, er heilet auch allerhand Rauden und Beissen. Die Dosis ist zu gebrauchen 10. auch 20. Tropffen in einem Liquore.

Spiritus Tartari.

Es ist dieser Spiritus Tartari eine sehr kräfftige Artzeney wider allerhand Obstructiones des ganzen Leibes, er treibet den Scharbock, Colica, Krampff, Contracturen, treibet aus die Blattern, Masern, reiniget das Geblüte, ist auch gut wider alle giftige Fieber, fallende Sucht, und andere Kranckheiten, so von verdorbenen Geblüte herkommen, auch ist dieser Spiritus eine vortreffliche Artzeney wider das Friesel, es sey rothes oder weisses, wann er mit der Tinctur Antimonii und Essenz Lignorum in gleiche Theile versetzet wird.

Die Dosis dieses Spiritus ist nach den Jahren, einem Kinde 3. bis 4. Tropffen, einem Erwachsenen 12. biß 16. Tropffen, einem Alten 60. biß 70. Tropffen in Bier oder Wein zu gebrauchen, des Tages 2. mahl.

Spiritus Nitri Dulcis.

Dieser Spiritus wird gebraucht in hitzigen Fiebern, dieser trefflich den Magen und hitzigen Leber, löschet den Durst, man kan solchen 50. biß 60.

58 Ausschnitt aus dem Werbebüchlein von Großmann. Beschreibung der Wirksamkeit von Spiritus Salis, Spiritus Vitrioli und Spiritus Tartari. Alle Mittel dienen entsprechend den Auffassungen der Humoralpathologie zur Abführung der schlechten Säfte und Reinigung des Körperinneren. Kreisarchiv Aue

59a, b Werbeschilder für den Magen-Bitter von Gnüchtel und für die Firma insgesamt.
Emaille in einem Holzrahmen gefaßt.
Museum Heimatschau Eibenstock

60 Werbeschild für Eibenstocker Magen-Bitter von der Nachfolgefirma von Albrecht Gnüchtel. Museum Heimatschau Eibenstock

Wesentliche gesetzliche Maßnahmen zur Regelung von Produktion und Handel mit Arzneiprodukten in Sachsen

Als Grundtenor für alle gesetzlichen Maßnahmen das Laborantenwesen betreffend, könnte die folgende Aussage der kaiserlichen Halsgerichtsordnung Karls V. stehen: »... fleissig auf solche Leute acht zu haben, die sich der Arzneikunst unterstünden und solche doch nicht gründlich gelernt hätten« (vgl. 9, S. 30).

Bereits im Jahre 1426 verkündete Kaiser Sigismund auf der Kirchenversammlung zu Basel ein Gesetz, durch das die deutschen Reichsstädte verpflichtet wurden, besoldete Meisterärzte oder Stadtphysiki zu halten (vgl. 23, S. 21).

Ein Schritt zur Verbesserung der Kontrolle über das Medizinalwesen in Sachsen wurde mit dem Generale vom 14. Juli 1710, »... die Bestellung der Physicorum in denen Aemtern betreffend«, eingeleitet.

»Friedrich Augustus König und Churfürst ec. Jeder Getreuer, Wir befinden vor nöthig, in Unsern Aemtern durchgehends gewisse Physicos zu bestellen, dergleichen nicht schon würcklich angenommen. Wann nun das dir anvertraute Ambt damit nicht versehen; so hast du alsofort eine tüchtige und gewissenhafte Person ohnverzüglich vorzuschlagen, selbige anhero zu Unsern Cammer-Gemach zu stellen, woselbst weitere Verfügung geschehen wird« (A 5, S. 1765).

Da es an einem Fonds fehlte, der diesen als Physikus angestellten Ärzten ein Einkommen sicherte, waren diese Stellen nicht sonderlich erstrebenswert. Außerdem war dadurch, daß der Physikus seine eigene Praxis zur Gewährleistung seines Auskommens unterhalten mußte, auch seine Wirksamkeit eingeschränkt.

Vor diesem Erlaß oblag sämtliche Aufsicht den praktizierenden Ärzten. Soweit es überhaupt welche gab, konnten sie natürlich nur sehr wenig ausrichten. So bestimmten die Obrigkeiten von Städten und Dörfern, was an grundlegenden medizinischen Belangen notwendig war und was nicht (vgl. 19, S 90).

Im Jahre 1719 wurde ein Mandat gegen den Hausierhandel erlassen. Diese Vorschrift, die auf dem ersten Blick zwar nichts mit medizinischen Belangen zu tun hat, war aber auch für die Arzneihändler von Bedeutung.

Das Verbot richtete sich gegen fremde Hausierer: »Juden, Italiäner, Königseer u. andere Krämer u. Träger, welche kostbare und geringe, schneidende und Crahm- auch Handwercks und in andere Professiones lauffende Materialien und Waaren« in Höfe, Häuser und Städte trugen und verkaufften.

Da dies auch außerhalb der gewöhnlichen Jahrmarktzeiten geschah, fügten die ausländischen Hausierer all jenen Schaden zu, »so ihres Vertriebs und Bewerbs halber, vielen Abgaben unterworffen wären ... nicht weniger auch Unserer General-Consumtions-Accise und anderer Revenüen ...«. Außerdem gab es die Erfahrung, daß die Hausierer und Herumträger oft Anlaß zu »Unfug« und »Dieberey« gaben (A 5, S. 1897).

Das Ziel des Mandates bestand darin, die Dorfkrämerei, ausgenommen einiger lebensnotwendiger Produkte, überhaupt zu verbieten. Der Dorfhandel hatte zum Schaden für die umliegenden Städte zu Beginn des 18. Jahrhunderts an Intensität beträchtlich zugenommen.

Für die Zeit der Leipziger und Naumburger Messen und der Jahrmärkte sollte das Mandat allerdings keine Wirkung haben.

Auffallend ist, daß es im Gesetzestext nicht darum ging, die Menschen vor minderwertigen Produkten oder schlechten Arzneien, mit denen ja auch hausiert wurde, zu schützen. Das Anliegen der Regierung bestand vornehmlich darin, Handel und Handwerk der Städte zu stärken und Hinterziehung von Steuergeldern zu verhindern.

Inwieweit das auf Dörfer gerichtete Verbot auch für Bockau direkte Auswirkungen brachte ist nicht gewiß, da Bockau als Bergflecken einen anderen Status als ein gewöhnliches Dorf hatte. In einem Brief des Amtsverwesers Georg Brosius von 1527 fanden sich dazu die Angaben, daß jeder der es vermag, frei bauen, schlachten, backen darf und das Recht auf freies Bergwerk haben soll. Diese Freiheiten gingen noch auf die Herrschaft von Tettau zurück. Seit 1533 das Schloß und die Herrschaft Schwarzenberg von Kurfürst Johann Friedrich (1503–1554) von Sachsen käuflich erworben worden waren, unterstanden die Bockauer dem sächsischen Kurfürst. Dieser hat nach Dokumenten der Bockauer Chronik ihre Freiheiten und Gerechtigkeiten bestätigt (vgl. 25, Nr. 250).

Das 1719 erlassene krasse Verbot des Hausierens mußte aufgrund von Beschwerden und unter Berücksichtigung der wirtschaftlichen Lage der Bevölkerung bald schon gemildert werden. Dazu erließ man am 4. Juli 1720 ein Generalis.

»Nachdem Uns aber Vorstellung geschehen, wie daß dadurch (gemeint ist das Mandat von 1719, d. V.) nicht nur denen im Gebürge, sondern auch in Unserm Marggraffthum Ober-Lausitz, befindlichen Einwohnern und Unterthanen, welche sowohl mit Spitzen, Kräutern und Olitäten, als auch anderen solcherley Waaren, zu handeln und selbige zum Verkauffe im Lande herum zu tragen pflegten, ... Bey ietzigen ohne dies nahrlosen Zeiten und Theuerung ... (große Verluste entstanden, d. V.).

In soweit suspendiret u. denen Ertzgeb. auch Ober-Lausitzern, Die Herumtragung u. Verkaufung ihrer Waaren biß zu weiterer Verordnung verstattet, und ihnen niemand hierunter hinderlich seyn« (A 5, S. 1927, 1928).

Also zumindest für die Bevölkerung des Erzgebirges und der Oberlausitz wurde das Mandat von 1719 aufgehoben.

Erst am 29. Juli 1750 erschien wieder ein Generale, welches sich unter der Überschrift »Wegen Remedirung derer Gebrechen im Medizinalwesen«. direkt medizinischen Belangen zuwandte.

Es richtete sich an die Ärzte. Ganz besonders gründlich wurden die Aufgaben, der Ausbildungsgrad und die Anforderungen an die Land-, Amts- und Stadtphysici erläutert. »Ortsobrigkeiten« hatten strenger als bisher darauf zu achten, daß innerliche Kuren wirklich nur von rechtmäßig ausgebildeten, geprüften und in der Praxis erfahrenen Ärzten verordnet werden. Die Verabreichung von innerlichen Kuren durch Apotheker, Barbierer und Bader sollte bei Androhung von Geld- bis hin zu Gefängnisstrafen unterbunden werden.

Die Landesregierung von Sachsen schützte ausdrücklich das Recht der Apotheker, Arzneien herzustellen. Als Gegenleistung mußten die Apotheker gewährleisten, daß sie qualitätsmäßig gute Rohstoffe verwendeten und in der Lage waren, hochwertige Heilmittel zu bereiten (vgl. A 5, S. 765).

Ein Mandat vom 15. September 1750 legte dar, daß trotz des Erlasses vom 10. Juli 1719 das Hausieren nicht oder nur vorübergehend etwas nachgelassen hatte. Händler, die beim unerlaubten Hausieren erwischt worden waren, versuchten, sich auf die Ausnahmeregelungen der Verordnung vom 4. Juli 1720 zu beziehen. Jedenfalls sah sich die kurfürstliche Regierung gezwungen, mit diesem Mandat das Hausieren erneut einzudämmen und zu verbieten und die Gültigkeit der vorhergehenden Gesetze einzuschränken.

Ausnahmen:

»Jedoch werden von diesem Verboth des Herumtragens der Waare, die Leipziger- und Naumburger Messen, ingleichen die Jahrmärkte, ausgenommen, immaßen Wir während derselben, den Handel einzuschränken, keineswegs geneyget sind.

Desgleichen können Wir geschehen lassen, daß Unsern Unterthanen das Herumtragen, und der Verkauf derer Olitäten, ingleichen derer Siebe, Mulden, Sensen-Bäume, Laden, Schachteln, hölzernen Schippen, Schindeln und Teller erlaubet werde, jedoch, daß es hierbey verbleibe, und sie sich mehrern nicht anmaßen« (A 5, S. 771).

Solche vom eigentlichen Gesetz abweichenden Regelungen führten in der praktischen Umsetzung unweigerlich zu Schwierigkeiten und Verwirrungen. Deshalb folgten den Ausnahmeregelungen als nächstes Erläuterungsschreiben. In einem solchen Erläuterungsreskript vom 28. Januar 1751 an die »Medicinische Facultät zu Wittenberg« wurde auf die besondere Rolle der sogenannten Wurzelleute hingewiesen. Danach sind Wurzelleute eigentlich nicht berechtigt, Medikamente zu verteilen. In der Verordnung vom 29. Juli 1750 stand aber, daß denjenigen die Ausgebung von Medikamenten nachgesehen werden soll, die dafür die Befugnis haben. Eine höchstwahrscheinlich von der Falkultät geforderte Klärung zur oben benannten Verordnung wurde von der Regierung, als nicht notwendig, abgelehnt. Anlaß für das Schreiben des Lehrkörpers der Fakultät zu Wittenberg war die Anfrage des Stadt-Magistrats zu Wittenberg, ob allen Wurzelleuten, die sich zum Jahrmarkt eingefunden hatten, der

Verkauf ihrer Arzneien ohne Unterschied gestattet werden sollte.

Bereits am 28. Juni 1751 wurde auch das Mandat vom 15. September 1750 nochmals genauer ausformuliert. Demnach forderte man für das Hausieren mit Olitäten, Spitzen und Nadlerwaren einen Nachweis darüber, daß die Hausierer aus Sachsen sind und die Verkaufsware im Inland hergestellt worden war (vgl. A 5).

Betont wurde, daß Lebensmittel nicht zu denjenigen Waren gehören, die unter das Verbot des Hausierens fallen.

Bei dieser Vielzahl von Erlassen stellt man sich natürlich die Frage, wie die Bevölkerung überhaupt darüber informiert wurde?

Die wichtigsten gesetzlichen Regelungen las der Pfarrer oder ein von ihm Beauftragter am Sonntag in der Kirche vor, so konnte man viele Einwohner gleichzeitig erreichen, allerdings gab es manchmal so viel zu verlesen, daß damit der ganze Gottesdienst ausgefüllt war. Diese Art der Vermittlung prägte auch den Begriff des Kanzelmandats.

Insgesamt verweisen die ständigen Nachfolgeregelungen und Anfragen auf eine große Unsicherheit seitens der örtlichen Behörden und Verwaltungen bei der Durchsetzung solcher Erlasse.

Die Mehrzahl der Verordnungen zeigten aber auch weiterhin keine durchgreifende Wirkung.

In einem »geschärften Generale, wegen des Haußirens; d. 2. Januar 1754« wurde die Situation so eingeschätzt:

»Nachdem Wir mißfällig wahrgenommen, daß denen wider das Haußiren unterm 10. Jul. 1719 und 15. Septembr. 1750 ins Land ergangenen Mandates zeithero kein durchgängiges Gnügen geleistet worden, vielmehr durch einiger Unter-Obrigkeiten-Fahrläßigkeit, allerhand Land-Streicher und Diebs-Gesindel, unter dem Vorwandt des Verkaufs geringer und zu einer redlichen Nahrung, nicht hinreichender Waaren, in den Städten und auf dem Lande herum zu streifen, zu Ausübung ihrer diebs- und räuberischen Absichten, die Gelegenheit abzusehen, und ihre Diebs-Gesellen davon zu benachrichtigen Raum und Zeit gefunden:

Also ist unser ernster Wille und Befehl, daß denen wider das Hausiren ergangenen obenangezogenen Mandates besser, dann geschehen, nachgelebet, keinen darwider zu handeln verstattet, auch die Pässe und Waa-

ren derjenigen Personen, welchen es in gewissem Maaße nachgelassen, sorgfältig examiniret, mithin hierunter, bey Vermeidung unnachbleibender harter Strafen, in keiner Weise nachgesehen werden solle« (A 5, S. 803, 804).

Am 25. Mai 1765 wurde ein weiteres Generale veröffentlicht. Es erstreckte das Verbot des Hausierens für Ausländer auch auf die »Meß- und Jahrmarktszeiten«. Dieses Verbot in der Phase der Restauration nach dem Siebenjährigen Krieg trägt deutlich merkantilistische Züge.

Zwei Jahre später, am 29. Januar 1767, erging ein Mandat »Wegen Einschränkung des Dorf-Handels, und derer Handwerker auf dem Lande«.

Im Landtag war wegen des sich ausbreitenden Dorfhandels und »Treibung der Handwerke« zum Nachteil der Städte Beschwerde geführt worden. Dieses Mandat sollte die Ordnung dahingehend wieder herstellen, daß das bürgerliche Gewerbe sich in der Stadt etabliert und die Landwirtschaft im Dorf. Der Handel auf dem Lande wurde untersagt.

Ausnahmen gab es nur für jene Händler, die von der kurfürstlichen Landesregierung ausdrücklich Vergünstigungen dazu erhalten hatten.

»So wollen Wir doch diejenigen Dorfschafften, welche wegen des Handels oder Verkaufs gewisser Waaren, ingleichen wegen Setzung gewisser Handwerker, besondere Befreyungen, oder Befugnisse auf zu Recht beständige Art hergebracht haben, darbey ferner geschützet und gehandhabt wissen; mithin bleibet ihnen dasjenige, was ihnen solchergestalt zukommt auszuüben unbenommen« (A 5, S. 945).

Auf diese Ausnahmeregelung konnte sich sicherlich auch Bockau beziehen.

Am 13. September 1768 errichtete die kurfürstliche Regierung ein Sanitätskollegium zu Dresden als oberste Landesmedizinalbehörde. Die Notwendigkeit der Schaffung dieses Organs für die Hygieneaufsicht und die Kontrolle der Ärzte, Bader, Chirurgen, Apotheker und Hebammen ergab sich, weil die Verordnungen »nicht allenthalben« befolgt wurden und sich die Mißbräuche auf medizinischem Gebiet häuften. Das Sanitätskollegium sollte eng mit den medizinischen Fakultäten der Universitäten Leipzig und Wittenberg zusammenarbeiten und die Durchsetzung der Generalien vom 18. September 1748 und 29. Juli 1750 überwachen. Gemeinsam mit den beiden medizinischen Fakultäten prüfte das Kollegium die angehenden Ärzte und nahm deren Verpflichtung bei der Niederlassung ab. Diese umfassende Kontrollfunktion übten diese Gremien ebenso für die Chirurgen und Apotheker und später auch für die Hebammen aus. Besonders viele Aussagen wurden zu Aufgaben und Anforderungen an Lands-, Amts- und Stadtphysici formuliert.

In Hinblick auf das Laborantenwesen wurde, ohne diesen Begriff zu benennen, eingeschätzt, daß Arzneimittel, über deren Verfertigung und Verkauf besondere Konzessionen vorlagen, nur noch während der Leipziger und Naumburger Messen und anderer Jahrmärkte vertrieben werden durften.

Die guten Vorsätze einer Regelung im Arzneihandel wurden jedoch oft von den schlechten Bedingungen zunichte gemacht. Der Siebenjährige Krieg (1756–1763) brachte für die Menschen enorme Belastungen. Zu einem weiteren Tiefpunkt führte die katastrophale Hungersnot in den Jahren 1771/72, die besonders die Gebirgsbevölkerung traf.

Ein Reskript vom 6. Dezember 1771 erlaubte den »Schwarzenbergern« den Verkauf von Arzneimitteln auf Jahrmärkten. Offenbar meinte man damit den Verkauf auch ohne besondere Berechtigung dafür, denn in einem gerade zwei Tage vorher verabschiedeten »Regulativ wegen des Arzneihandels« forderte man vom Arzneihändler ein vom Sanitätskollegium ausgefertigtes Attestat, welches seine »Geschicklichkeit« zur Fertigung von Arzneien bestätigte.

Auf die Situation des Kreises Schwarzenberg wies 1772 der Kreishauptmann in einem Gutachten hin. Er gab darin zu bedenken, daß bei der Menge der Einwohner im Erzgebirge und den geringen Nahrungsquellen das Arzneigewerbe nicht gänzlich unterbunden werden sollte. Zumal Kräuter und Wurzeln sowie das zum Laborieren nötige Holz reichlich vorhanden seien.

Mit zunehmender Stabilisierung der Wirtschaft und Versorgung im Land wurde von den obersten Behörden wieder verstärkt auf die Einhaltung der Medizinalgesetze gedrungen.

Aus den Ratsakten von Eibenstock geht hervor, daß die Regierung Verzeichnisse über Laboranten, »auf Olitäten«

und landreisende Arzneihändler verlangte. Man kann davon ausgehen, daß diese Informationen auch von anderen Ortschaften des Erzgebirges eingeholt wurden.

In Auswertung dieser Verzeichnisse erging am 28. Januar 1799 ein Reskript an den Kreishauptmann zu Schwarzenberg. Darin wurde den Händlern von Bockau, Neudorf und anderen Ortschaften vorgeworfen, daß sie nur in den wenigsten Fällen eine Konzession besäßen.

Nachdem die zuständigen örtlichen Behörden seitens der Regierung wiederholt und unter Androhung von Strafen aufgefordert wurden, strenger auf die Einhaltung der erlassenen Reskripte zu achten, sahen sich die entsprechenden Personen und auch führende Händler gezwungen, auf die besondere Lage der Menschen im Kreis Schwarzenberg aufmerksam zu machen.

So schrieb der Rat von Eibenstock: »... fast alle sind Bergleute gewesen, welche aus mangelnder Bergarbeit abgelegt wurde.

Wenn ihnen auch dieser Handel, welchen die meisten nicht das gantze Jahr hindurch, sondern nur zur Winterzeit, wo sie sonst nichts verdienen können, treiben, nicht gestattet werden sollte, wovon sollen diese Menschen sich und die Ihrigen ernähren, dieweil sie keine Profesion gelernet und bloß Tagelöhner oder andere Handarbeit zu treiben, gantz nicht hinreichend für die zu ihrer Erhaltung (Wort nicht lesbar, d. V.) würde« (A 3, Bl. 19).

Das Schriftstück endete damit, daß man den Königseer, Schwarzburger und Rudolstädter Arzneihändlern vorwarf, den Markt mit ihren Waren und ganzen Niederlagen im Lande zu überschwemmen, wo doch die eigenen Arzneihersteller gute und kräftige Waren fertigten.

Zum Schluß erging die Bitte, diesen »Nahrungszweig hiesigen Orts aufrecht erhalten zu helfen«.

Trotz allen Verständnisses der Behörden für die besonderen Bedingungen der Menschen im Gebirge und trotz der vielen Bitten und Fürsprachen konnte eine weitere Verschärfung der Gesetze gegen das Laborantenwesen und den unkontrollierten Handel mit Arzneien nicht mehr aufgehalten werden.

Immer mehr versuchten fortschrittliche Ärzte, bei verantwortlichen Einrichtungen das Bewußtsein dahingehend zu beeinflussen, daß man den Arzneihandel nicht nur aus der Sicht des Gewinns für die Betreiber und deren Ortschaften betrachten darf.

Ab 1803 waren die Lands-, Amts- und Stadtphysici zu einem jährlichen Bericht aufgefordert. Darin sollten sie die Situation im Medizinalwesen beschreiben und nach Möglichkeit bei der Feststellung von Mängeln Vorschläge zu deren Abstellung unterbreiten.

Im Jahre 1805 erhöhte sich der Druck auf die Arzneihändler weiter. In einem Generale »die Königseer Arznei - Waaren betreffend« mahnte man nochmals an, von jenen Arzneiwarenhändlern, die keine Konzessionsscheine besäßen, die Waren zu beschlagnahmen.

Am 16. November 1805 wurde ein »Generale für die Einführung eines Dispensatorii in den Apotheken« beschlossen. Da es noch kein allgemeines Dispensatorium gab, sollten sich die Apotheker auf folgende Publikationen beziehen:
»D. Philipp Jacob Piderit's Pharmacia rationali«, wovon im Jahre 1791 bei I. I. Cramer zu Kassel die dritte Auflage erschienen war.
Oder:
»D. Carl Gottfried Hagen's Lehrbuch der Apothekerkunst«, zwei Teile, fünfte Ausgabe, Königsberg bei Fr. Nicolovius, 1797.
Apotheker, die noch keine der beiden Schriften besaßen, bekamen ein Jahr Zeit zur Besorgung.
Über die Einhaltung der in den Büchern gestellten Anforderungen bei der Herstellung von Arzneien sollten die Amts- und Stadtphysici im Rahmen ihrer Visitationspflicht von Apotheken wachen.
Zu den Auswirkungen dieses Generale äußerte Sieber: »Mit diesem Generale wurde der Wert der altüberlieferten Laborantenrezepte stark vermindert. Wurden so die Apotheker schon scharf überwacht, so verstärkte sich der Druck der Ärzte und Apotheker auf Laboranten und Arzneihändler erst recht« (8, S. 78).
Zu all dem folgte noch das Mandat vom 30. September. 1823, welches, vielen Überlieferungen nach, dem Laborantengewerbe den Todesstoß versetzte.
Es besagt im § 1, daß, bis auf die in § 16 bemerkten Fälle, alle Arzneiwaren nur von Apothekern zu verkaufen sind.
Durch § 17 wurde den Ämtern Schwarzenberg, Wolkenstein, Grünhain und Wiesenburg zwar die bisher betriebene Fertigung und der Vertrieb von Arzneiwaren zugestan-

den, aber es folgten eine Reihe Einschränkungen, um Mißbräuchen vorzubeugen.

§ 18: Arzneimittel, welche außerhalb der Apotheken nicht geführt werden dürfen, »werden von jetzt an auch allen Laboranten, Händlern, Spediteuren jener Gegend ohne ausdrückliche Konzession Unserer Landesregierung bei Confiskation des gesammelten Vorrath und zehn Talern Strafe untersagt«.

§ 19: Solche Erlaubnis wird stets auf gewisse Arzneien und Personen beschränkt. Laboranten müssen ihre Rezepte und pharmazeutischen Kenntnisse vom Physikus prüfen lassen. Bei Händlern, die um Erlaubnis zum Handel mit dergleichen Arzneimittel ersuchen, hat der Beamte anzuzeigen, welche Artikel der Händler führen will, woher er sie bezieht und ob gegen ihn Bedenken bestehen.

§ 20: Alle bisher Konzessionierten müssen unter Umständen um neue Konzessionen nachsuchen oder evtl. noch notwendige Prüfungen nachholen. – Den Händlern wurde auf längstens sechs Monate Konzession erteilt, auf Messen und Märkten zu handeln.

§ 26: Die Ortsobrigkeit sollte, wie bereits mittels Reskripts vom 4. Dezember 1771 verordnet, einzelne Gläser, Schachteln, Pakete von jeder Kiste durch Sachverständige vor dem Verkauf prüfen lassen (vgl. 29, S. 24, 25).

In der Akte des Findeisenarchivs befindet sich ein Blatt zu Laborant Großmann (1814–1865). Er wird darin als Nestor unter den Laboranten bezeichnet. Sein Handel umfaßte nach den dort aufgeführten Daten Wurzeln, Kräuter und Olitäten, insgesamt vierundvierzig Arzneimittel. Es folgt eine Erläuterung des gesetzlichen Rahmens, wie dieser Handel zu erfolgen hatte. Anhand dieser Schilderung wird die Umsetzung des obigen Mandats in die Praxis recht anschaulich.

»Der Handel der Laboranten und Spediteure darf nur auf Messen und Jahrmärkten betrieben werden, Hausieren und Halten von Niederlassungen in den Städten und Dörfern dagegen ist verboten. Bei dem Verkaufe der Arzneien sind an die Abnehmer kurze gedruckte von dem Amts-Physikus unterschriebene Gebrauchszettel abzugeben, auf welchen Quantität und Qualität genau anzugeben ist. Alle Medicamente sind mit dem Stempel des Laboranten zu versehen, ersterer auch auf dem Gebrauchszettel zu bezeichnen. Der Verkäufer muß einen von seiner Ortsbehörde ausgestellten Paß führen, überall vorlegen und bei Rückkunft wieder daselbst abgeben. Das öffentliche Anpreisen in Druckblättern ist untersagt. Der Kreis-amts-Physikus führt beständige Aufsicht über die Offizi-nen. Der Händler und Laborant muß einen Eid ablegen und im Besitz eines Concessions-Scheins sein« (A 3).

Mit diesem Mandat beschleunigte sich der Zusammen-bruch des Laborantengewerbes rapide, da viele Hersteller durch die hohen Anforderungen konkurrenzunfähig wur-den oder illegal arbeiteten.

1830 sah sich die Landesregierung aufgrund von Klagen über zu hohe Preise gezwungen, die Arzneientaxe zu än-dern. Eine überarbeitete Fassung der mit dem Mandat vom 17. Oktober 1820 eingeführten Pharmacopoea Saxo-nica erschien unter dem Titel »Arzneientaxe, nebst Nach-trägen zu der zweiten Abtheilung der Pharmacopöa für die Königl. Sächs. Lande. Dresden 1830«.

Natürlich entwickelte sich die Medizinalgesetzgebung im-mer weiter, aber die für die Entwicklung oder Einschrän-kung des Laborantenwesens grundlegenden Gesetze sind nach 1830 im wesentlichen abgeschlossen.

Das Aneinanderreihen der gesetzlichen Regelungen der Regierung vermittelt ein recht kontinuierliches Bild von der Entwicklung des medizinischen Sektors innerhalb des Staatsgefüges. Richtig ist aber, daß jedem Erlaß und Ge-setz viele Jahre vorausgegangen sind, in denen Ärzte, Wis-senschaftler und andere Gelehrte Schriften zur Medizi-nalkritik verfaßten, Mißstände aufdeckten und konkrete Maßnahmen zur Verbesserung verlangten.

Die kurfürstlichen Leibärzte Dr. Morgenstern und Dr. Tittmann reichten schon 1699 verschiedene Maßnahme-pläne zur Kontrolle und Überwachung von im medizini-schen Bereich tätigen Personen bei der Landesregierung ein. Selbst die Errichtung eines »Collegii-medici« wurde in Betracht gezogen. Daraufhin erhielt im Jahre 1700 Titt-mann den Auftrag, eine Medizinalordnung, ein Sächsi-sches Arzneibuch und eine Allgemeine Gebührenordnung zu erarbeiten. Die Medizinalordnung blieb ein Entwurf, die anderen Aufgaben kamen über die Projektidee nicht hinaus. So ruhte die Sache. Als ein Ergebnis der umfang-reichen Bemühungen dieser genannten Ärzte wäre das Generale vom 14. Juli 1710 zu nennen, welches die Bestel-lung der »Physicorum« (Amtsärzte) in allen Ämtern anord-nete (vgl. 19).

Die Gründung des Sanitätskollegiums erfolgte letztlich dennoch auf Initiative der Leibärzte. Vorschläge dazu un-terbreiteten sie unmittelbar nach Beendigung des Siebenjäh-rigen Krieges im Jahre 1763. Ihre Absicht war es, ein »Ober-Collegium medicum« zu schaffen, um eine einheit-liche Aufsicht und Rechtsprechung über das gesamte Me-dizinalwesen, also einschließlich der Leibärzte, Chirur-gen und anderer im medizinischen Bereich tätigen Perso-nen, durchzusetzen. Diesen Forderungen wurde jedoch nicht stattgegeben. Im Jahre 1765 kam es zu einer vorläu-figen Errichtung eines »Sanitäts-Collegiums«, ohne eigene Jurisdiktion, welches mit den beiden medizinischen Fa-kultäten zu Leipzig und zu Wittenberg in ein koordinie-rendes Verhältnis gesetzt wurde. Mit der Reduzierung der Verantwortung auf die Darlegung und Aufdeckung der Mißstände setzte man diesem Kollegium von Anfang an Schranken für die wirksame Verbesserung der Zustände im Gesundheitswesen (vgl. 19, S. 40).

Folgerichtig kam es mit der Begründung, daß es den Sanitätsbehörden an der erforderlichen Kraft und Wirk-samkeit fehlte, am 1. Juni 1824 zur Aufhebung des Sani-täts-Kollegiums. »Dahingegen haben Wir der hiesigen Landesregierung einige Hof- und Medicinal-Räthe, der Ober-Amts-Regierung zu Budissin (Bautzen, d. V.) aber ei-nen Medicinalrath, zu ärztlichen Beisitzern zugeordnet, und es werden diese ..., führohin bei allen auf die Medi-cinal-Polizey-Pflege Bezug habenden Gesetzgebungs- und Verwaltungs-Sachen, welche bei den genannten Collegii zur Berathung und Entschließung gelangen, zugezogen werden« (29, S. 45).

E. B. G. Hebenstreit (1753–1803) veröffentlichte 1791 »Lehrsätze der medicinischen Polizeywissenschaft«. Aber auch andere erfahrene Ärzte, wie E. G. Baldinger (1738–1804), Chr. G. Gruner (1744–1815), J. Chr. Fr. Scherf (1750–1818), J. D. Schöpf (1752–1800) und Fr. A. Röber (1765–1827) äußerten in Beiträgen und Büchern ihre Kritik am bestehenden Medizinalsystem (vgl. 30).

A. Fr. Fischer (1778–1839), ein Dresdner Arzt, entwik-kelte in seinem 1814 in Leipzig erschienenen Buch »Dar-stellung der Medizinal-Verfassung Sachsens nebst Vor-schlägen zu ihrer Verbesserung« bezogen auf das Labo-rantenwesen sehr pragmatische Gedanken.

Nachdem er die Zustände im sächsischen Medizinalwe-sen analysiert hatte, forderte er zur Beseitigung der Miß-stände ein schrittweises Vorgehen, nämlich erstens die Belehrung des Volkes über Vorteile, die es hat, wenn im Krankheitsfall ausgebildete und anerkannte Ärzte konsultiert werden, und zweitens die Hebung des Ansehens der Ärzte. Dazu heißt es:

»In gleicher Weise soll das Ansehen des Ärztestandes durch Entfernung und Unterdrückung der Quacksalber gehoben werden, von denen er (Fischer, d. V.) die jüngeren und geeigneten Personen in einem landärztlichen Institut zu brauchbaren Routiniers ausgebildet wissen möchte. Die Notwendigkeit einer solchen Maßnahme erblickt er darin, daß ›das gemeine Landvolk besonders in entlegenen Provinzen noch gar nicht den Sinn dafür hat, sich der gebildeteren Aerzte zu bedienen‹. Daher erfülle die Ausbildung junger Leute zu Landärzten einen doppelten Zweck: die Überführung der Medicaster in eine legitime medizinische Aufgabe und eine ausreichende ärztliche Betreuung der Landbevölkerung, die auf diese Weise die Lieblinge ihres Vertrauens in einer für gewöhnliche Fälle brauchbaren nützlichen Form wiedergeschenkt erhielte« (30, S. 97).

Wenn auch diesen Vorschlägen ein für heutiges Verständnis recht derbes Klassifizierungsmuster der Menschen zugrunde liegt, zeugen sie m. E. doch von der umfangreichen praktischen Erfahrung des Arztes im Umgang mit Patienten und für Einfühlungsvermögen in die Mentalität der damaligen Landbevölkerung. Er suchte eine im Interesse möglichst aller Beteiligten liegende humane Lösung. Außerdem schlug er noch vor, »die Physici zu Sanitätsbeamten zu machen und für jede Provinz einen Obermedizinalrat zu ernennen, der große Erfahrung als Sanitätsassessor und Physikus besitzen soll. Als zentrale Instanz schlägt er eine Obermedizinalbehörde vor ...« (30, S. 97).

Fischer forderte von diesem Gremium eine baldmögliche Ausarbeitung einer Landespharmakopöe und einer Medizinaltaxe.

»Mit Fischers Schrift wurde in Sachsen zunächst ein Abschluß der öffentlichen Kritik erreicht ...

Nach dem Wiener Kongreß begann zunächst eine Epoche in der die Gesundheitsbelange in noch stärkerem Maße in bürokratische Hände gerieten und die Polizei zum ›übergeordneten Dogma‹ wurde« (30, S. 98).

1831 erschien nach längerem Schweigen eine anonyme Broschüre mit erneuten Forderungen nach einer Besserstellung der Physici und einer zeitgemäßen Erneuerung der Apothekerordnung (vgl. 30, S. 99).

Man plädierte wiederholt für eine enge Verbindung und Zusammenarbeit zwischen den Physici und den Räten der Städte und anderen Ämtern, die im Zuständigkeitsbereich lagen. Damit wollte man verhindern, daß die Regelungen auf medizinischem Gebiet durch Nachlässigkeit der zuständigen örtlichen Behörden nicht oder nur schleppend zur Wirkung kamen. Außerdem war hinlänglich bekannt, daß der Einfluß der Laboranten, die teilweise selbst den kommunalen Organen angehörten, recht groß war und sie durchaus in der Lage waren, die Durchführung medizinalpolizeilicher Maßnahmen zu regulieren. 1836 trat mit dem Gesetz »Über die Organisation der untern Medicinal-Behörden«, vom 30. Juli 1836, eine in diese Richtung zielende positive Änderung dahingehend ein, daß »die früheren Physici und jetzigen Bezirksärzte den Ortspolizeibehörden koordiniert wurden und ihre Amtsbefugnisse im Auftrage des Staates ausübten, was eine Sicherung ihrer Dienststellung und teils auch eine bessere Besoldung zur Folge hatte« (30, S. 98).

Im Jahre 1848 gab der Ausschuß sächsischer Ärzte ein Organ für schriftliche Debatten »Medizinisches Reformblatt für Sachsen« heraus. Die Bemühungen um eine Reform blieben jedoch erfolglos und wurden 1850 eingestellt.

Zur Ausbildung
des Laboranten

In den vorhergehenden Abschnitten wurde bereits festgestellt, daß den Laboranten verschiedene Wissensquellen zur Verfügung standen. Unter anderen waren es Bücher über Kräuter, über die Bereitung von Medizinen und vielleicht auch die aufkommenden Hausbücher. Ob die Werke von Agricola und Paracelsus rezipiert wurden, kann nur schwer beurteilt werden.

Die durch die praktische Tätigkeit gewonnenen chemischen Kenntnisse der Hüttenleute standen ebenso als eine mögliche Wissensquelle zur Verfügung. Allerdings ist nicht sicher, in welcher Qualität und in welchem Umfang das Wissen auch andere Personenkreise erreichen konnte, wenn keine familiären Beziehungen zueinander bestanden.

Außerdem nutzte man die Erfahrungen, die innerhalb der Familie mit Krankheiten, ihrer Heilung und den dazu verwendeten Mitteln gemacht wurden.

Peickert betonte, daß die meisten angehenden Laboranten schon vor Errichtung der Dorfschulen Lesen und Schreiben erlernten und die Einweisung in die Laborantenkunst im Vaterhaus erhielten (vgl. 5).

»In Krummhübel wurden später als Schullehrer mit Vorliebe abgedankte Theologen von der Gemeinde angestellt, da sich die zukünftigen Laboranten des Studiums der lateinischen Sprache befleißigen sollten« (5, S. 49).

In den zitierten Reiseberichten wird immer wieder deutlich, daß die Söhne schon frühzeitig in die Handels- und Absatzphase des Geschäftes einbezogen worden sind.

Eine Möglichkeit, das Laborantengewerbe zu erlernen, ohne in einem verwandtschaftlichen oder ähnlichen Verhältnis zum Ausbilder zu stehen, gab es nach Peickert in Oberweißbach. Dr. Worm, Inhaber einer im Jahre 1732 privilegierten Apotheke, besaß die Genehmigung zur Ausbildung von Laborantenlehrlingen (vgl. 5, S. 49).

In Krummhübel betrieb man das Laborantenwesen anscheinend sogar zunftmäßig, denn die Prüfung erfolgte nach fünfjähriger Lehrzeit bei einem Zunftmeister durch

den Kreisphysikus in Hirschberg oder das Königliche Sanitätskollegium. Die Selbständigkeit konnten die Laboranten aber erst erlangen, wenn von den dreißig seit 1740 behördlich vorgesehenen Stellen für Laboranten eine frei wurde (vgl. 5, S. 106).

Auch in Bittgesuchen für die Erlangung der Konzessionen führten Laboranten ihren Bildungsweg und die Güte ihrer Ausbildung an. So schreibt 1710 David Müller, Einwohner und Wurzelhändler in Bockau, »wegen gesuchten Privilegi über 4 besond. Medicamenta eine Bitte an den König« (A 3).

Eine Aussage lautet: »Frankfurter Haupt-Pillen, wie auch den rechten Schmalkaldischen Balsam Sughuris, werden mit Fleiß tüchtig u. unverfälscht elaboriret von mir NZ. Dav. Müller, seß- und wohnhaft in dem Bergflekken Buckau i. Meissen, ins Ambt Schwarzenberg gehörig, von meinen Vater nicht nur erlernet, sondern auch in 24 Jahre practiciert« (A 3).

Am 7. November 1821 baten die Gebrüder Voigt aus Bockau um eine Konzession von Arzneiwaren und bemerkten, »dass sie bereits seit mehr als 20 Jahren ein bedeutendes Handelsgeschäft damit, sowie mit sogenannten Olitäten führten und diese Waren meistens ins Ausland, nämlich nach Böhmen, Schlesien und die ehemals polnischen Provinzen versendeten. Schon ihr Vater habe den Handel besessen, und von ihm hätten sie das Geschäft sowohl erlernt, als auch das Warenlager geerbt« (9, S. 36).

Die Familie Friedrich aus Bockau, die einen gut funktionierenden Handel nach Nürnberg aufgebaut hatte, bildete ihren Nachwuchs sowohl im väterlichen Geschäft als auch bei einem Geschäftsfreund in Nürnberg aus. Durch eine frühe Praxiserfahrung erlangten die angehenden Laboranten die notwendigen Kenntnisse, um die Schwierigkeiten des Handels zu meistern (vgl. 31).

Sieber fand in den Akten des Findeisenarchivs in Eibenstock noch einen Hinweis darauf, daß der Laborant

Nicolaus Großmann sechs Jahre bei Heinrich Harras in Böhlen bei Königssee in der Lehre gewesen war.

Wie eine Ausbildungsurkunde belegt, hat in Eibenstock der Apotheker Ernst Wilhelm Lenk von 1814 bis 1818 den Sohn eines Laboranten in verschiedenen Fächern ausgebildet. Allerdings wird dies ein Spezialfall sein, denn Lenk nannte sich zwar Apotheker, war aber auch bis zu dem Zeitpunkt der Übernahme einer eigenen Apotheke (nach Sieber 1834) als Laborant tätig.

In einem Zeitungsartikel, leider ohne Autor, aber den Angaben zufolge um 1922 einzuordnen, fand ich folgende Aussagen:

»... daß Bockauer in nicht ganz seltenen Fällen zu besserer Ausübung des Berufs eines Medizinallaboranten Kenntnisse in Chemie und Chirurgie auf dem Weg persönlichen Studiums sich erwarben. Das Beispiel der Universität Leipzig allein zeigt schon, daß die Söhne aus Familien, die zu Bockau im Laborantenwesen hervorgetreten sind, mit einer gewissen Häufigkeit dorthin sich wandten.

Dazu gehören Andreas Conrad aus Bockau und Balthasar Crebs, die im Wintersemester 1626 bezugsweise Sommersemester 1647 in Leipzig immatrikuliert wurden, Chr. Traugott Ficker am 11. Juni 1763, Joh. Heinr. Dan. Rudel am 13. Juni 1767, Karl Friedrich Wolf am 9. Juni 1770 und Joh. Dan. Georgi am 27. Okt. 1785.

Auch der am 9. November 1756 in Bockau als Sohn des in Preußen privilegierten Arzneilaboranten und Bockauer Begüterten Johann Michael Weiß, geborene Johann Daniel Weiß mag einen Teil seiner wissenschaftlichen Unterweisung in Leipzig empfangen haben, wiewohl er in der Matrikel nicht erwähnt ist« (A 6).

In einem Gutachten des Amtsphysikus für die Zulassung zum Arzneilaboranten bestätigte Dr. Zeune den Bildungsweg des Laborantensohnes Friedrich Hermann Meichsner aus Eibenstock.

»M. besuchte 6 Jahre lang (v. 14–20) das Lyceum zu Schneeberg, erhielt vorzügliche Zeugnisse, studierte zwei Jahre in Leipzig Arzneiwissenschaft, namentlich Chemie ...« (A 3).

Zusammenfassend kann man folgenden Ausbildungsweg zum Laboranten nachskizzieren.

1. Vermittlung der notwendigsten theoretischen Kenntnisse und eigener Erfahrungswerte durch den Vater bzw. die Familie. Schulung der praktischen Fertigkeiten und Fähigkeiten im elterlichen Betrieb/Geschäft, bei Verwandten oder Freunden.

Die frühzeitige Einbeziehung in den ganz normalen Arbeitsprozeß führte dazu, daß die Laboranten in relativ jungen Jahren bereits umfangreiche praktische Erfahrungen besaßen.

2. Die angehenden Laboranten hatten die unter Punkt 1 genannten Ausgangbedingungen, aber sie nutzten zusätzlich die Möglichkeit einer universitären Ausbildung und wirkten mit ihren neuen theoretischen Einsichten auf den Arbeitsprozeß zurück.

Inwieweit sich theoretische Kenntnisse unter den Bedingungen des Marktes für das Geschäft gewinnbringend umsetzen ließen, ist momentan nicht nachweisbar.

Laboranten-Lehrbrief aus dem Jahre 1808
im Besitz der Firma:
Albrecht Gnüchtel, Eibenstock i. Erzg.

61 Laborantenlehrbrief aus dem Jahre 1818. Die Aufbewahrung und der höchstwahrscheinlich öffentliche Aushang dieses Lehrbriefes bezeugt, daß sich Albrecht Gnüchtel mit Stolz zu den Wurzeln seines Gewerbes bekannte. Textausschnitt (Urkunde ist leider nicht vollständig lesbar, die Jahresangabe 1808 steht im Widerspruch zu den im Text benannten Jahreszahlen): »Ich Ernst Wilhelm Lenk examinirter und verpflichteter Apotheker, wie auch concessionirter Laborant, in der königl. sächs. freien Bergstadt Eibenstock, urkunde und bekenne hiermit, daß Vorzeiger dieses, Friedrich Ferdinand Großmann, einziger ehelicher Sohn, weil. Herrn Gottlieb Friedrich Großmanns Laborant allhier, vier Jahre, als von Michaelis 1814 bis ... 1818, bei mir als Laborant in der Lehre gestanden, in dieser Zeit er auch in der Chemie, Physik ...«
Museum Heimatschau Eibenstock

Einblicke
in das Leben
der Laboranten

Über die Zeit, da das Laborantengeschäft aufblühte und große Gewinne abwarf, sind, wie schon im Vorwort erwähnt, leider nur wenige Vermerke aus dem Bockauer Kirchenbuch und der Chronik von Körner zu entnehmen, die Rückschlüsse auf die Lebensweise der Laboranten und der vielen Landreisenden zuließen. Erst als das Gewerbe wegen übergroßer Konkurrenz auch zu unlauteren Mitteln griff, durch unseriösen Handel mit den sich verschärfenden Gesetzen in Konflikt kam und mit einer ständig anwachsenden gegnerischen Interessengruppe konfrontiert wurde, häuften sich das Aktenmaterial und der Briefwechsel mit den Behörden an. Diese Hinterlassenschaften geben uns in das absterbende Gewerbe einen tieferen Einblick.

Ich möchte das von mir noch vorgefundene Material, entsprechend dem jeweiligen Betrachtungsgegenstand, chronologisch aufzeigen.

Bereits 1655 steht im Zusammenhang mit dem Hochzeitseintrag im Bockauer Kirchenbuch, der Name des wohlangesehenen privilegierten Arzneihändlers, Joh(annes) Lange, Sohn des begüterten Arzneihändlers Christof Lange aus Bockau.

1708 heiratete der Richter Johannes Ernst Enderlein die Arzneihändlertochter Susanna Dorothea Weiß.

Am 12. Januar 1740 ehelichte die Tochter des Arzneihändlers Christian Weiß den Knappschaftsvorsteher Gottlob Seifferth aus Geyer (vgl. 32).

Der Pfarrer M. Michael Hertz, der von 1685 bis 1713 in Bockau tätig war, verheiratete seine Tochter Anna Sophia mit dem begüterten Arzneihändler Johann Georg Weiß.

Die Adjektive »wohlangesehen« und »begütert«, aber auch die Herkunft der Eheleute lassen für das 18. Jahrhundert und die Zeit davor auf Wohlstand und ein hohes Ansehen des Berufsstandes des Arzneihändlers schließen.

In dem Abschnitt der Chronik von Bockau, in dem der Pfarrer Körner von der Handlung und von dem Gewerbe sprach, erläuterte er nicht ohne Stolz, daß es so manchem Bürger durch den Handel mit Arzneien gelungen war, ein ordentliches Konto zu führen.

Natürlich beschrieb er auch die Zuwendungen von reich gewordenen Arzneihändlern für die Bockauer Kirche. Am 25. Dezember 1728 verehrte ein Herr Christian Leichsenring, Einwohner von Bockau und »privilegierter Arzneihändler«, gemeinsam mit seiner Frau der Kirche einen schön vergoldeten silbernen Kelch »sammt deßen Patene (Abendmahlsbrotteller, d. V.) ... liessen auch darauf die Canzel und ein Stück der Empor-Kirche mahlen, und die Altar Stuffen mit Tuch versehen« (A 1, S. 122).

Unter der Jahreszahl von 1752 steht verzeichnet, daß der »privilegirte« Arzneihändler Herr Johann Weiß und seine Frau der Kirche ein Paar zinnerne neu »faconnirte« Leuchter mit den dazu gehörigen Kerzen schenkten.

Im Jahre 1759 schenkte Joh(ann) Michael Weiß, privilegierter Arzneihändler, der Kirche »eine neue Glaß- und Stundenuhr an 4. Vierteln auf die Kanzel«.

Im Verlauf der Entwicklung des Laborantenwesens konnten sich trotz der sich laufend ändernden Bedingungen einige Familien so profilieren und den jeweiligen Gegebenheiten anpassen, daß das Laborantengeschäft für mehrere Generationen den Broterwerb sicherte und teilweise auch zu beachtlichem finanziellem Reichtum führte.

In Bockau zählten, neben den bereits benannten, zu den bekanntesten Laborantenfamilien die Familien Zeeh, Püschel, Voigt, Friedrich, Brückner, Lang, Herrmann, Lorenz und die Aufzählung könnte noch fortgesetzt werden.

»1710 erbat der Wurzelhändler David Müller, Bockau, vom König ein Privileg über vier besondere Medikamente ... angeblich selbst ›inventiert‹ und bisher in fremden Landen vertrieben, besonders in Brandenburg und Preußen« (8, S. 59).

Ein kaiserliches Priveleg besaßen:
- Johann Friedrich Püschel (erste Hälfte des 18. Jh.)
- David Werner (Information ohne Zeitangabe)
- Christian Gottlieb Lang (zweite Hälfte des 18. Jh.)
- Christian Carl Püschel (zweite Hälfte des 18. Jh.)

Im Besitz einer Kurfürstlich Sächsischen Konzession waren:
- Christian David Baumann
- Christian Friedrich Haase
- Gotthilf Höfer
- Gotthold Benjamin Püschel und Johann Carl Püschel
- Carl Gottfried Weigel
- Johann Gotthilf Zeeh und Johann Carl Zeeh

Mit einem Schweizer Priveleg ausgestattet waren:
- Engelhardt Lang und Jacob Christian Lang

Königlich Preußische Konzessionen erwarben:
- Gottlieb Daniel Friedrich
- Gustav Weigel
  (alle zweite Hälfte des 18. Jahrhunderts)

»Schumanns Lexikon von Sachsen führt an, dass im Jahre 1782 allein in Bockau noch 20 Laboratorien im Gange waren. Es werden darunter die Büschelsche und Weigelsche Handlung, welche preussische Privilegien besassen, sowie die Geschäfte von Lange, Hermann und Mothes namentlich angeführt; letztere setzten ihre Waren unmittelbar in Norddeutschland ab ...

Im Jahre 1799 gab es in Bockau ... 9 Geschäfte, welche entweder schon Konzessionen besassen oder doch wenigsten um solche nachgesucht hatten und sie erwarteten. Einige von ihnen hatten preussische oder kaiserliche Privilegien oder Konzessionen der sächsischen Regierung und des Oberamts Budissin (Bautzen)« (9, S. 39, 40).

Im Jahr 1823 wirkten nach Köhler in Bockau neun konzessionierte und 33 unkonzessionierte Laboranten.

In Schneeberg fertigte die Familie Tröger seit Mitte des 17. Jahrhunderts Arzneien an. Über Johann Andreas Tröger, der 1704 Schneeberger Ratsherr wurde, und auch über seine Schwiegersöhne Paul Julius Gräfenhorst und Johann Hartmann Lichtenhahn liegen Untersuchungen von verschiedenen Heimatforschern vor.

In Aue gab es 1712 die Hubrigsche und in Schwarzenberg um 1771 die Höfersche Handelsgesellschaft.

In Eibenstock erlangten die Familien Gnüchtel, Großmann, Meichsner, Lenk und Petzoldt mit der Herstellung von Arzneien eine geachtete Stellung. Nach Sieber handelte die Familie Großmann nachweislich seit 1769 mit Arzneien. 1774 wurde Nikolaus Großmann als »Handelsmann und kunsterfahrener Chymicus« bezeichnet. Im Zusammenhang mit der Versorgung der Landreisenden mit Verkaufswaren nannte man den privilegierten Laboranten Großmann und zwei weitere.

Der Eibenstocker Arzneilaborant Ernst Wilhelm Lenk hatte in Schneeberg in der Apotheke gelernt und in vielen Offizinen gearbeitet. Da er erst 1834 eine Konzession für die Führung einer Apotheke in Eibenstock erhielt, betätigte er sich im Laborantengeschäft. »Mit Lenk stellt sich in der Geschichte der Eibenstocker Arzneilaboranten die Verbindung her: 1. zum Bergbau, dem sein Vater entstammte, 2. zur Stadtapotheke, die innerhalb der Eibenstocker Laboranten die Führung hatte. 1815 gab er 70 Arzneimittel an, die er fertigte ... 1824 umfaßte seine Liste 46 Arzneien, einige davon sind fürs Vieh. Vier wurden beanstandet, weil durch ihren Quecksilbergehalt zu drastisch wirkend« (8, S. 71).

In Jöhstadt gab es am Markt ein Laborantenhaus (1848 von einem Brand zerstört), das anscheinend gemeinschaftlich von mehreren Laboranten genutzt wurde (vgl. 9, S. 41).

Das »Lahlsche Zugpflaster« soll ebenso in diesem Ort entwickelt worden sein. Nach Angaben einer Festschrift aus dem Jahr 1905 verkauften die Jöhstädter Laboranten, von denen es um 1700 über einhundert gegeben haben soll, ihre Waren bis nach Schweden und der Türkei.

Bei den zuletzt zitierten Angaben ist nochmals darauf zu verweisen, daß in den Unterlagen zwischen Laboranten und Landreisenden nicht eindeutig unterschieden wurde.

Wenn Sieber 1805 für Jöhstadt von sechsundsiebzig im Arzneihandel tätigen Personen, zwei Laboranten aufführt, liegt es nahe, unter der um 1700 erwähnten Zahl von einhundert, Landreisende zu vermuten.

In den sogenannten Händlerortschaften, wie Sosa, Neudorf, Steinheidel u. a., gab es nur vereinzelt selbständige Laborantengeschäfte.

Köhler erwähnte zum Beispiel für Neudorf den 1772 examinierten und konzessionierten Laboranten Karl Gotthold Drechsler.

Einblicke
in das Leben
der Landreisenden

Die Tätigkeit der Landreisenden wurde, je nach Standpunkt und Interesse des Betrachters, sowohl von Zeitzeugen als auch von späteren Heimatforschern und Ärzten sehr unterschiedlich aufgearbeitet und bewertet.

Der Bockauer Pfarrer Körner äußerte sich sehr zurückhaltend über jene Gruppe von Menschen, die für ihren Broterwerb die Familie und die Heimatgemeinde auf oft unbestimmte Zeit verlassen mußten. Im Zusammenhang damit, daß sein Amtsbruder aus dem Olitätenhändlerort Oberweißbach, dem Amt Königsee unterstehend, »in der katechistischen Schreibart einem reisenden Handelsmanne dieser Art zu gleicher Zeit schöne Anweisungen und gute Sittenlehren ertheilet, wie er sich auf der Reise und Herberge verhalten soll«, stellte er die große Ähnlichkeit der Verhältnisse in beiden Orten fest (A 1, S. 380).

Körner selbst schrieb zu Ostern 1753 eine Predigt über die Christenpflichten der Reisenden nieder. Die von ihm angesprochenen Themen und die muntere Art der Beschreibung zeichnen ein vielseitiges Lebensbild von Bockau.

»Sollten wir nicht, L. Z. da der halbe Teil hiesiger christlicher Gemeinde aus solchen Leuten bestehet, die theils im Vaterlande ausser ihrer Heimat, theils in fremden Ländern ausserhalb ihrem Vaterland ihr täglich Brod auf der Reise jährlich gewinnen, sollten wir nicht auch einmal eine besondere Betrachtung über ihre zu führenden Reisen anstellen dürfen«? (A 7, S. 13)

Er setzte drei Schwerpunkte für die Reisenden fest: die Christenpflichten gegenüber Gott, ihrem Nächsten und sich selbst.

Körner hielt eine gute christliche Erziehung in der Jugend für eine unabdingbare Voraussetzung, um in der Fremde standhaft zu bleiben. Ansonsten sind sie wie »Rohr im Wind, oder junge Vögel, die man mit der Hand fangen kann«. Er wußte, daß die Versuchung, einer Sünde zu erliegen, fern der Heimat größer ist, da die meisten Menschen glauben, daß sie anonym bleiben; und ehe et-

was von Betrug oder einer anderen Schandtat ruchbar wird, ist man weitergezogen. Der Händler kommt auf Messen, Jahrmärkten und in Herbergen mit vielen unterschiedlichen Menschen zusammen und kann daher auch leichter »geärgert oder verführet« werden. Selbstverständlich sollte das Gebet ein ständiger Gefährte sein und nach glücklicher Rückkehr ein Dankgebet in folgender Art abgestattet werden: »Denket er so mancher Gefährlichkeit nach, da war er in Fährlichkeit zu Wasser, in Fährlichkeit unter den Mördern, in Fährlichkeit in den Städten, in Fährlichkeit auf der Straßen, in Hiz und Kälte, welche allesamt er nun mit dem Rücken zu seinem Vergnügen von sich abgewendet, ...: Erretet hast du mich gar oft, ganz wunderlich und unverhoft, da nur ein Schritt, ja nur ein Haar, mir zwischen Tod und Leben war« (7, S. 30).

Nach der Ankunft bestand die wichtigste Aufgabe des Vaters darin, sich um das Seelenheil seiner Angehörigen zu kümmern. Die Familie berichtete sich gegenseitig, was in der Abwesenheit vorgefallen war. »... also auch erzähle er den Seinigen alles, was ihm auf dem Wege Böses oder Gutes begegnet, welches ihnen zu einer Lehre, Warnung, Vermahnung und Trost gereichen kann« (A 7, S. 45).

Sehr selbstbewußt forderte Körner von den Händlern, an das allgemeine Wohl zu denken und auch das Kirch- und Schulwesen zu unterstützen.

Zuletzt noch ein Beispiel zum dritten Schwerpunkt der Predigt, den Pflichten gegenüber sich selbst. Sehr originell formulierte der Pfarrer den Hinweis, sich in der Herberge nicht in Glaubensdiskurse einzulassen. »... auch wohl gar bey hizigen Geträncken geschehen die Zunge sammt dem Gemüthe der gestalt erhizet werden, daß derselbige die Beweise und Überzeugungsgründe handgreiflich fühlen und empfinden muß. Wer auch den Rachgeist der Falschgläubigen nur ein wenig hat kennen lernen, der wird ohne mein ferneres Zuthun und Erinnern der güldenen Regel Salomonis von selbsten Beyfall geben: Schweigen hat hier seine Zeit, Pred. 3.7« (A 7, S. 53).

In allen Ausführungen dieser erfahrenen und lebensklugen Persönlichkeit des Pfarrers Körner wird deutlich, wie eng er mit den Bewohnern seiner Gemeinde vertraut war und mit ihnen fühlte. Er kannte oder spürte die Gefahren und die wachsenden Probleme durch den sich immer unkontrollierbarer gestaltenden Arzneihandel. Nur konnte er seine Mitbürger nicht so einfach verurteilen, da er wußte, daß es ohne diesen Arzneihandel noch mehr Not und Elend gegeben hätte. Pfarrer Körner bekannte sich trotz aller Gefahren und lauernden Versuchungen zu den Reisenden: »Die weil aber auch unsere Reisenden nicht zu derjenigen Claße gehören, welche aus ihrem Vaterlande der Neubegierde wegen reisen, und fremde Länder besuchen, daß sie dadurch möchten gelehrter, weiser und erfahrener werden: denn solches trifft hier nur zufälligerweise ein: sondern, daß sie demjenigen Orte, wo sie geboren, theils eine Nahrung und Gewerbe zuwege bringen, und die ihrigen mit allen Dingen wohl versorgen, theils auch ihren Nächsten an andern Orten mit ihren Waaren dienen möchten.« Und im Wissen um zweifelhafte Händlerpraktiken, fügte er warnend hinzu: »Als muß auch ein Reisender seine Christenpflicht hier wohl in acht zu nehmen wißen, daß er wohl verkaufe und wohl einkaufe, sein Gewißen mit unächter Waare, falschem Gewicht, verlogenen Worten und andern ihm selbst bekannten Ungerechtigkeiten oder so genannten Professionsvortheilen nicht beschwere« (A 7, S. 41, 42).

Viel drastischer und mit emotionalem Abstand schilderte Engelhardt in seiner Erdbeschreibung von Kursachsen (1804 erstmals veröffentlicht) das Leben der unzähligen Arzneikrämer. Er hielt das Landreisen an sich schon als einen in vieler Hinsicht verderblichen Nahrungserwerb, denn da der Familie über mehrere Monate des Jahres der Hausvater fehlte, mußte sich die Mutter gemeinsam mit ihren Kindern durch eigene Arbeit oder aber durch Borgen über diese Zeit hinwegbringen. Kehrte dann der Vater endlich heim, stand noch lange nicht fest, ob er alle offenen Rechnungen begleichen konnte, so daß sich an der Notlage der Familie nichts änderte. Außerdem sah Engelhardt die Gefahr, daß fern von Weib und Kind die heiligen Bande der Häuslichkeit, die Gatten- und Vaterpflichten nur zu leicht vergessen werden. »Die schädlichste Klasse der Landreisenden sind die Olitätenkrämer oder Bergleute wie sie sich, ihres absichtlich angelegten Berghabits werden nennen« (33, S. 206).

Das »absichtliche Anlegen« des Berghabits hatte mehrfache Gründe. Erstens konnten die Träger wirklich ehemalige oder noch zeitweise im Bergbau Tätige sein, wie es z. B. für Sosa und Eibenstock oftmals zutreffend war. Zweitens konnte das Habit zum Teil vor Militärdienstwerbern schützen, da Bergleute nicht angeworben werden durften. Drittens nutzte man beim Verkauf der Waren den traditionell guten Ruf und die Achtung, die der Bergmannsstand bei großen Teilen der Bevölkerung besaß.

»Ihre Arzneien nehmen sie theils von Königseern, die in den gebirgischen Gränzorten Niederlagen zum Paschhandel nach Böhmen halten, theils fertigen sie selbst Pulver, Salben, Thee etc. Besonders suchen sie um Johannis (24. Juni, d. V.) Kräuter zu Gesundheitsthee, ob sie gleich von der Kräuterkunde wenig oder nichts verstehen. Die Kirchhöfe erhalten durch diese Afterärzte gewis manches unzeitige Opfer. Sonst erzog man auch die Knaben wieder zu diesem traurigen und unsichern Verdienst. Jungen von 14–15 Jahren zogen schon mit den Vätern in alle Welt, zu heilen alle Kreatur, und lernten so durch tägliche Uebung gleich beim Eintritt in die Stuben es den Leuten ansehen, ob sie an Herzwürmern, Herzgespann, etc. litten« (33, S. 206, 207).

Engelhardt befürwortete die strengen Kontrollen und Verbote für solche Händler und hoffte, daß »dieser nur auf Täuschung Leichtgläubiger berechnete und deshalb eben so unsichere, als unmoralische Industriezweig mit der Zeit ganz verdorren« möge (vgl. 33, S. 207).

In Schumanns Lexikon finden sich ebenfalls bei der Beschreibung des »erzgebirgischen Kreises« Aussagen über Arzneihändler. Das Sammeln medizinischer Kräuter und Wurzeln war eine Nebentätigkeit für Bergleute nach achtstündiger Schicht. Außerdem berichtet er, daß man in den Dörfern hölzerne Spielsachen und Hausgeräte, Blechlöffel und Arzneiwaren fertigte. Während es in größeren Dörfern Kaufleute, Handwerker und Fabrikanten gab, waren Crottendorf, Bernsbach und Jöhstadt laut Lexikon Händlerortschaften. Aus diesen und anderen Dörfern brachen die Männer im Frühjahr wie Zugvögel auf, um mit Arzneien, Spitzen, Blechwaren und Schwefel zu handeln, und erst im Winter kehrten sie zurück. Auch Jungen in einem Alter von zwölf bis dreizehn Jahren zogen mit »Schiebkarren« in die Welt, um Geld zu verdienen und manchmal waren von einer Familie fünf bis sechs Söhne in der Fremde (vgl. 34, S. 78, 79).

Die vorangegangenen Aussagen sollten differenziert betrachtet werden. Solange die Landreisenden die Arzneiwaren nur verkauften und sie nicht selbst herstellten oder ihre Zusammensetzung änderten, war es nicht so bedeutend, ob sie etwas von der Arzneibereitung verstanden. Natürlich ist das Arzneimittel eine besondere Ware. Es besteht im medizinischen Bereich bis heute die Gefahr, daß Laien glauben, sie könnten, weil sie im Besitz einiger Heilerfahrungen und Arzneien sind, Krankheiten kurieren, ohne eigentlich in der Lage zu sein, eine richtige Diagnose zu stellen und die Ursachen von Krankheiten zu erkennen. Wird dann die Arznei noch von Medizinunkundigen in Umlauf gebracht, potenziert sich natürlich das Risiko des unsachgemäßen Gebrauches.

Der medizinische Notstand der damaligen Zeit ist aber nicht den Arzneikrämern und Olitätenhändlern geschuldet, es fehlte allgemein an medizinischer Aufklärung für die breite Masse des Volkes, und bei vielen reichte ganz einfach das Geld nicht aus, um einen Arzt zu konsultieren und die Medizin in der Apotheke zu kaufen.

Über den Zeitpunkt und die Dauer der Reisen existieren unterschiedliche Angaben. Es gab sowohl mehrere Jahre umfassende Touren als auch Reisen vom Frühjahr bis zum Winter oder während des Winterhalbjahres. Diese Unterschiedlichkeit läßt sich durchaus begründen. Ein mehrjähriger Aufenthalt in der Fremde konnte nötig werden, wenn der Verkaufsort sehr weit entfernt lag oder wenn der Laborant seine Arzneihändler durch spezielle Zuträger, die selbst nicht am Verkauf teilnahmen, mit neuen Arzneien versorgte oder wenn er Zwischenlager unterhielt, so daß seine Händler Nachschub hatten (vgl. 5).

Die Zeit vom Frühjahr bis zum Winter nutzten jene, die sich ausschließlich vom Handel ernährten. Bergleute, die das durch den Arzneiwarenverkauf erwirtschaftete Geld wieder im Bergbau einsetzten, reisten meistens nur während der Winterszeit. Die wärmeren Monate blieben nach Möglichkeit der Bergarbeit vorbehalten.

Aus Körners Reisepredigt ging ebenso hervor, daß im Ort ein ständiges Kommen und Gehen üblich war.

»Die Absatzgebiete wurden zwischen den Familien aufgeteilt. Man erzählt dazu folgende Anekdote von einem Bockauer Händler, der in Zittau einen anderen Bockauer traf: ›Wos willst du dä in Zittä, Zittä is meine, dös hob iech gekaft‹.

Sie zogen nach Wien, Königsberg, Hamburg und Paris. Sie hatten Kaiserliche, Königlich-Preußische, Kurfürstlich Brandenburgische, Hochfürstlich Württembergische, Schweizerische, Lübecker Handelsgerechtigkeiten und Privilegien« (28).

Doch nicht nur die Durchführung des Verkaufs, sondern auch die Entlohnung der Landreisenden erfolgte sehr unterschiedlich. Manche rechneten am Ende der Reise ihre Einnahmen beim Laboranten ab und erhielten eine feste Entlohnung, andere wurden je nach Umsatz am Gewinn beteiligt, es gab aber auch Austräger, die die Produkte des Laboranten abkauften, und weitere Mischformen.

Die Verkaufsartikel der Arzneilaboranten bezogen sie direkt von einem oder von mehreren Laboranten oder von Zwischenhändlern.

Viele Händler verkauften nicht nur die Produkte der Laboranten, sondern boten ein vielseitiges Warensortiment, welches z. B. auch Siebe, Spitzen, Blechwaren usw. umfaßte, an. Ihre Waren transportierten sie auf dem Reff, einem hölzernen Tragegestell, kleine Mengen in einem Ranzen oder einem Holzkasten, der sogenannten Buckelapotheke. Sieber spricht einmal auch von »altehrwürdigen Laborantentaschen«. Im 19. Jahrhundert nahmen zunehmend Fuhrleute die Olitäten kistenweise zu den jeweiligen Absatzgebieten mit.

Die Landreisenden waren unterwegs verschiedenartigen Gefahren, wie bei Körner schon angesprochen, ausgesetzt. Einmal waren es Krankheiten, die durch ungünstige äußerliche Bedingungen auftraten oder sich verschlechtern konnten, zum anderen genügten ihre Einnahmen und oft die wenigen Habseligkeiten, um für Räuber und Diebsgesindel zur Zielscheibe zu werden. Da es häufig so gehandhabt wurde, daß man auf der Hinreise die Kundschaft belieferte und auf dem Rückweg kassierte, mußten die Händler besonders auf der Heimreise vor Überfällen auf der Hut sein.

Körners Chronik nennt allein 1750 vier auf der Reise Verstorbene; drei davon waren Arzneihändler. »I.) Herr Samuel Püschel, Innwohner und privilegierter Arzney-Händler allhier auch Bürger zu Breslau, starb daselbst an vielen Blesuren, welche er von einem Soldaten meuchelmörderischer Weise empfangen, und liegt auf dem St. Margarethen-Kirchhof allda begraben.

II.) Herr Johann Christoph Georgi, Innwohner und Arzneyhändler allhier, starb zu Mietau im Kurland, wo er sich erst recht etablieren wollte.

IV.) Herr Gottfried Friedrich, Innwohner und Arzney-Händler hierselbst, starb in seinen Verrichtungen auf der Messen zu Braunschweig« (A 1, S. 19).

1751 starb der begüterte und privilegierte Arzneihändler Johann Michael Weiß auf einer Reise in Niederschlesien.

1759 starb Andreas Püschel, Richter und privilegierter Arzneihändler, zu Jauer in Schlesien. Im selben Jahr wurde Gottfried Oertel auf dem St. Bernhards Kirchhof zu Breslau begraben. 1761 verstarb der renommierte Arzneihändler Balthasar Herrmann auf der Messe zu Magdeburg.

Sieber stellte in seinen Untersuchungen zum Laborantenwesen fest, daß von fünfundsiebzig Sosaer Landreisenden, die um 1800 aufbrachen, in einem Zeitraum von sechzig Jahren neunundzwanzig nicht mehr heimkehrten. Heinrich Unger ging 1771 mit Spitzen und Arzneien auf die Reise. Er kam nie wieder zurück. Im Eintrag des Sosaer Kirchenbuches wurde die »sichere« Vermutung ausgesprochen, daß man ihn in Polen in einem einzeln liegenden Haus beraubte und ermordete.

Über das Schicksal von Eibenstocker Händlern berichtete Sieber folgendes:

Jahr	Name / Person	Ereignis / Ort
1741	Arzneihändler	starb in Untergeiß bei Hessen
1741	Johann Christian Unger, Bergmann	starb als Arzneihändler in Wiese im Ansbachischen
1762	Johann Siegel, Arzneihändler	starb in Leupoldsgrün bei Hof
1763	Joh. C. Rauh und Daniel Lorenz, Bergleute und Arzneihändler	kehrten von einer Reise nicht zurück
1788	Zacharias Fiedler, Arzneihändler	starb in Frauenricht bei Parkstein
1790	Jacob Siegel, Bürger und Landreisender	erwähnt wird die Witwe des im Wasser verunglückten Bürgers
1790	George Friedrich Schönfelder, Landreisender, Bürger	in der Fremde verstorben
1792	Johann Christoph Löffler Landreisender, Bürger	starb in Egelwang in der Oberpfalz

(vgl. 35, S. 66)

»Doch kehrten auch triftiger Gründe halber manche Arzneihändler nicht heim. So wurde das Haus des ›entwichenen‹ Landreisenden Johann Gottlieb Lehnhardt für 50 Taler versteigert. Der landreisende Arzneihändler Johann Gottlob Röhlig war seit vielen Jahren als Musketier eines kursächsischen Regiments desertiert. Er besaß ein brauberechtigtes Haus in Eibenstock, das 1792 verkauft wurde« (35, S. 66).

Die in den Kirchenbüchern ausführlich dargestellten Todesfälle von Arzneilaboranten und Händlern betrafen überwiegend recht vermögende und anerkannte Personen. Sie wurden als Bürger bezeichnet und besaßen eigene Häuser.

Die oftmals weit entfernten Sterbeorte sind zugleich ein weiterer Nachweis für die Ausdehnung des Handels und die vielfältigen Austauschbeziehungen zwischen den Ländern.

Während ihrer Wanderung und besonders in den Herbergen, die die Landreisenden zwangsläufig zum Aufenthalt nutzen mußten, kamen sie in Kontakt mit Menschen unterschiedlichster Herkunft und Handlungsabsichten. Es war für Unerfahrene, die erstmals auf Tour waren oder eine neue Route beschritten, lebensnotwendig, recht schnell die Gepflogenheiten des jeweiligen Quartiers kennenzulernen. Sicher gab man sich, sofern freundschaftliche Beziehungen vorhanden waren, untereinander Hinweise über die Qualität der am Weg liegenden Unterkünfte, aber es konnte auch immer zu unvorhergesehenen schwierigen Situationen kommen.

Eine besondere Rolle spielte dabei das Kochum oder Rotwelsch. Das Wort rotwelsch bedeutet soviel wie falsch, untreu und bezeichnet die deutsche Gaunersprache. Kochem ist vom jiddischen Wort cho'chem abgeleitet und hat gleichartige Bedeutung. In adjektivischer Form wird es im Sinne von klug, gescheit, eingeweiht in alles Gaunerische verwendet.

Es ist also eine Gaunersprache. Karl Spangenberg, der sich in einem Aufsatz mit Rotwelsch aus der Mitte des 19. Jahrhunderts beschäftigte, verwies darauf, daß diese Sprachgemeinschaft auf einer Sprachhaltung beruht, die abgestellt ist auf ausschließliche Kommunikation in den eigenen Reihen und auf Unverständlichkeit für Außenstehende. Die Sprache stellte das Bindeglied zwischen den heimatlos über die Landstraßen ziehenden, vom Stromerleben geprägten Menschen her.

Das Rotwelsch entstand durch spielerische Umwandlungen muttersprachlichen Gutes und durch Aufnahme fremdsprachiger, vor allem jiddischer Wörter. Es gibt für den gleichen Begriff oft mehrere sprachliche Ausdrucksvarianten und umgekehrt für ein Wort mehrere Bedeutungen. Die Gaunersprache ist eine lebendige Sprache, die ständig den Bedürfnissen ihrer Benutzer angepaßt wurde. Kam es bei Verhören zur Preisgabe von Wortschöpfungen, ersetzte man sie durch neue. Der am 6. Mai 1843 wegen Bettelns und Paßfälschens in Jena gefangengenommene Landstreicher Baumhauer schrieb auf Veranlassung der Polizei Wörter des Rotwelschen und ihre Übersetzung nieder:

zuwalzen – zureisen
Kabber – Kamerad (zu jidd. chawer)
Schien – Polizeidiener (zu jidd. schin = sch)
Lehmer – Bäcker (zu jidd. lechem.›Brot‹)
Fettlappen – Tuchmacher
Hauptzinken – schöner Stempel
Fahrt – das Betteln
Rumpel – Zwangspaß
Chassiwe – Paß (zu jidd. kessaw, Pl. kessowim ›Brief‹)
Pich – Geld (zu jidd. pochus, klein, wenig, gering)
scholen – fragen (zu jidd. schailo ›Frage‹)
vermassern – verraten (zu jidd. mosser ›Verräter‹)
usw (vgl. 36, S. 118).

Die Auswahl weniger Wörter unterstreicht die Aussage Spangenbergs, daß diese Sprache ein adäquates Produkt der Lebensweise ihrer Sprecher ist.

In welchem Verhältnis die Arzneihändler und Landreisenden dazu standen, war von ihrer sozialen Situation abhängig. Wohlhabende Händler taten gut daran, etwas Rotwelsch zu verstehen, um in ihnen unbekannten Gasthäusern nicht selbst ahnungslose Opfer von Betrügern zu werden. Waren es Landreisende, die selbst mit den Gesetzen in Konflikt standen und die Dienstleistungen von Paß- und Stempelfälschern benötigten, mußten sie sich mit ihnen arrangieren, wenn sie nicht schon selbst zu ihnen zu rechnen waren. Mit Hilfe der Kenntnis dieser Sprache konnten Landreisende in Herbergen oder unterwegs dieser Gruppe von Menschen signalisieren, daß sie zu ihnen gehörten, und einen gewissen Schutz erlangen.

Neben diesem Sonderfall gehörte das Beherrschen von Fremdsprachen zur Verbesserung des Umsatzes dazu. Es war immer vom Vorteil, wenn man die Kunden in der jeweiligen Landessprache von der Güte der eigenen Waren überzeugen konnte. Da dies die Laboranten erkannten, ließen sie für ihre Arzneiwaren fremdsprachige Handzettel drucken.

Ab einem gewissen Zeitpunkt wurden sie gesetzlich verpflichtet, ihren Arzneien Handzettel beizufügen. Ob sie im Ausland verpflichtet wurden, diese in der jeweiligen Landessprache zu erstellen, ist nicht bekannt.

In den Akten des Findeisenarchivs des Eibenstocker Museums befinden sich viele Anmerkungen zu den landreisenden Bergleuten.

Seit dem ersten Viertel des 18. Jahrhunderts erhielt das Bergamt Eibenstock vermehrt Gesuche von Bergleuten, die »wegen Ermangelung wircklicher Bergarbeit«, mit Bergöl Handel treiben wollten. Dieses sogenannte Bergöl wurde durch trockene Destillation der Wurzeln von Nadel- und Laubhölzern gewonnen (vgl. 4, S. 104).

Das Bergamt befürwortete die Anträge von Bergleuten, die mit Bergöl »hinauslaufen« wollten und unterstützten ihre Bitte um Schutz.

In den Akten des Archivs steht unter dem 29. August 1729 ein Vermerk, daß ein Bergmann, »bei ermangelnder beständiger Bergarbeit ... voritzo mit seinem armen Weib und Kinder sich mit Tagelöhnern, Hinaushandeln des Bergöls und Wurzelwaren gar kümmerlich ernähren muß« (A 8).

Diesem Bergmann erteilte das Bergamt für die Nebentätigkeit eine Erlaubnis, ein Attestat. Der Bergmann blieb aber trotzdem Angehöriger des Bergstaates mit allen dazugehörigen Rechten und Pflichten.

Zeitlich etwas später ist der Aktenvorgang über die Eibenstocker Bürger und Bergleute Daniel Schönfelder, Jacob Baumann und Hans Christoph Baumann einzuordnen.

»... Daniel Schönfelder und Jacob Baumann, beide allhiesige Bergleute geziemend zu vernehmen gegeben, was maßen sie in Ermangelung der Berg-Arbeit voritzo mit Bergöl von hier nach Nürnberg verreisen wollten« (A 8).

Sie erhielten für ihr sicheres Fortkommen einen »obrigkeitlichen Paß« und darin die Bestätigung, daß »sie wircklich Bergleute, und in Ermangelung der Bergarbeit allhier, auf eine Zeit lang feiern (arbeitslos sein, d. V.) müssen. Als werden alle und jeder zivile, besonders aber militär Bedienste hiermit dienstlich ersuchet, erwähnte Produzenten aller Orten frei und sicher und von allen Werbeansprüchen unangefochten, sonder einige Hindernisse passieren und repassieren zu lassen« (A 8).

Trotz aller Absicherungsbemühungen gelang es nie ganz, Militärdienstanwerbungen, von denen Bergleute ausdrücklich zu verschonen waren, zu unterbinden. Im Oktober 1740 wandte sich der Bergmann Michael Vogel aus Sosa ans Königliche Berggemach in Dresden mit der Bitte, seinen Sohn Georg Christian Vogel vom Militärdienst »loszumachen«. Dieser war auf der Reise nach Treptow – ungeachtet seines Passes vom Bergamt – von preußischen Werbern abgeschleppt worden.

1737 wurden vom Bergamt einigen Bergleuten aus Sosa Pässe »zu Vertreibung des Bergöls und Wurzelwaren in und außerhalb des Landes« erteilt. Das Bergamt genehmigte aufgrund der unbefriedigenden Situation im Bergbau sehr großzügig die Anträge der Bergleute, die dringend auf andere Erwerbsquellen angewiesen waren. Jedoch war damit immer die Hoffnung verbunden, daß diese wenigstens einen Teil des Geldes wieder im Bergbau einsetzten.

»10. August 1737 ... resolviret worden: diejenigen Bergleute so voritzo mit Bergöl nausliefen und sich nicht wieder zur Bergarbeit applizieren würden, weiter keine Begnadigung angedeihen zu lassen« (A 8).

Damit drohte das Bergamt den landreisenden Bergleuten mit dem Verlust ihrer Bergmannsprivilegien.

1745 hatte sich das Verhältnis zwischen Bergarbeit und Handel mit Bergöl und anderen Arzneiwaren so zum letzteren hin verschoben, daß »hiesigen Ortes an tüchtigen Bergleuten ohnedes fast große Not vorhanden, indem gar zu viel von denselben sich auf den Bergölhandel außerhalb Landes legen und von der Rekrutierung befreit zu sein meinen« (A 8).

Andererseits brachte dieser Handel, das mußte auch das Bergamt eingestehen, jährlich »etzliche 100 Reichstaler Geld« in den Ort.

1783 wurden sechzehn Bergwerke des Reviers als »Olitätenhändlerzechen« benannt.

Sieber verweist, daß auch Jöhstadt einen beachtlichen Anteil am Arznei- und Bergölhandel hatte. 1750 reisten nachweislich 13 Bergleute mit Bergöl außer Landes.

»Die meisten von diesen arbeiteten als Bergleute auf einer ›Gesellenzeche‹, die ihnen also gemeinsam gehörte.

1752 gibt Steuerinspektor Rebentrost an, daß Bergleute mit Bergöl aufs Land gingen, zu Hause aber ohne Lohn in Hoffnung auf Bergsegen anführen. 1805 trieben 76 Einwohner von Jöhstadt Arzneihandel ... 1810 setzte sich der Wolkensteiner Amtmann Beyer für die Jöhstädter Laboranten und Ölhändler ein. 1817 wurden besonders Destillation und Schnupftabakfabrikation betrieben. 18 Branntweinfabriken gab es damals in Jöhstadt ... Schumanns ›Lexikon von Sachsen‹ führt 1817 in Jöhstadt 100 Arzneihändler an« (35, S. 72).

Auch Sosa, als Bergflecken bekannt, sandte viele Händler aus. So sollen um 1800 allein 75 Landreisende mit ihren Waren losgezogen sein, die sämtlich Bergleute waren und noch zeitweilig anfuhren.

Eine recht eindringliche Schilderung ihrer sozialen Situation vermittelt uns das von Köhler zitierte Gesuch aus dem Jahr 1800.

Darin bitten die Bergleute um die Erlassung des Konzessionszwanges.

»›Sie seien sämtlich arme Bergleute und die grösste Not triebe sie an, auf reisen zu gehen, weil der Bergbau sehr in Verfall geraten wäre. Sie müßten doch etwas treiben, was ehrlich und ihnen zuträglich wäre, um Weib und Kinder ernähren und Steuern und Abgaben entrichten zu können; auch wüßten sie mit nichts andern als mit Olitäten zu handeln. Sie reiseten jährlich zweimal im Winter, im Sommer dagegen trieben sie Bergbau, um etwas ausfindig zu machen und den Bergbau wieder empor zu bringen. Auch reiseten sie mit Olitäten und gebrannten Wässern nicht im Lande, sondern sie gingen ins Braunschweigische, Lüneburgische, Mecklenburgische, nach Brandenburg und Polen und verbauten dann im Sommer einen Teil ihres Verdienstes auf Zechen und Fundgruben. Ihre Reisen, durch welche sie viel Geld in die Heimat brächten, wären saure und gefährliche Reisen. Derjenige, welcher bloss Bergbau treibe, könne bei dem geringen Lohne sich und seine Familie nicht ernähren, und wenn ihre Reisen und ihr Olitätenhandel aufhören sollte, würde die Kommun Sosa die elendeste ja nur eine Bettelkommun sein.‹ ... Im Auslande müßten sie teure Freipässe und

konzessionsähnliche Briefe erkaufen und daher bäten sie das Schwarzenberger Kreisamt, ›dasselbe möchte doch die Gütigkeit haben und ihrem gnädigsten Landesvater diese Umstände bestens zu Gemüte führen und allerhöchst denselben dahin bewegen, dass sie frei und ohne Konzessionen, wozu vielleicht ihr Vermögen nicht ausreichen würde, ins Ausland dürften ...‹ Diesem Gesuche wurde von dem Richter und den Gerichten zu Sosa die Bescheinigung beigefügt, dass die Angaben der ›Landreisenden‹ wahr seien« (9, S. 47, 48).

Leider ist nicht bekannt, ob die Bergleute mit ihrer Bitte etwas bewegen konnten.

Der Wechsel der Tätigkeit vom Bergmann zum landreisenden Händler setzte sich bis zum 19. Jahrhundert fort und führte noch zu vielen Auseinandersetzungen mit dem Bergamt und mit den zuständigen medizinalpolizeilichen Behörden.

62 Eine mit Fläschchen und kleinen Spanschachteln gefüllte Buckelapotheke. Für den Transport waren auf der Seite Gurte angebracht. Dieser Kasten zeigt eine Möglichkeit, wie man sich eine Buckelapotheke, mit denen die Arzneihändler über Land zogen und wovon sie ihren Namen erhielten, vorstellen kann.
Museum Heimatschau Eibenstock

Die Eibenstocker Laborantenfamilie Gnüchtel

Die Familie Gnüchtel hatte, folgt man den Einträgen im Kirchenbuch, nachweislich seit Ende des 16. Jahrhunderts immer etwas mit dem Austausch von Waren zu tun, ob es Leder, Spitzen oder sonstige Dinge waren. Die Kenntnis von Ablauf und Organisation der kaufmännischen Tätigkeit und entsprechende Partnerbeziehungen waren also vorhanden. Der Handel mit Arzneiwaren setzte relativ spät ein. Dafür kann es mehrere Erklärungen geben, von denen ich zwei mit dem Hinweis darstellen möchte, daß die Realität wesentlich nuancenreicher gewesen sein wird.

1. Die Bedeutung des Arzneiwarenhandels wurde anfangs unterschätzt. Nachdem die Familie Gnüchtel aber bemerkt hatte, daß andere Geschäftsleute dadurch gute Gewinne erzielten, nahm sie Arzneiwaren ins Produktions- und Handelskonzept mit auf, und stellte sich im Verlauf der Jahre ganz auf diese Produkte ein.

2. Der Handel mit Spitzen war im Vergleich zu dem mit Arzneiwaren nicht mehr gewinnbringend genug, so daß man sich umstellte oder zumindest die Arzneiherstellung hinzunahm, auch wenn dafür keine rechte Basis vorhanden war.

George Friedrich (I/1) wurde bei der Eintragung der Geburt seines gleichnamigen Sohnes (II/2) am 7. Dezember 1712, als Handelsmann und Spitzenhändler bezeichnet. Dieser Sohn heiratete am 19. Oktober 1739 Christlieba(e) geborene Gerisch, eheliche Tochter des Weißgerbers und Spitzenhändlers Michael Gerisch. Zur Familie Gerisch schienen die Gnüchtels schon länger intensivere Beziehungen zu pflegen, denn die Frau des Michael Gerisch ist Taufpate bei einem anderen Kind von George Friedrich und Rosina Gnüchtel.

Zum Zeitpunkt der Hochzeit war George Friedrich (II/2), ebenfalls Handelsmann, hatte also standesgemäß geheiratet. Obwohl er nachdem Christlieba(e) im Januar 1751 verstorben war, am 30. November 1752 die Tochter eines Handelsmannes aus Schönheide ehelichte, ist für die Entwicklung zur Laborantenfamilie nur sein jüngster Sohn aus erster Ehe bedeutungsvoll.

Dieser, Gotthilf Friedrich (III/1), wurde 1747 geboren. In der Zeit als er heranwuchs, mußte sein Vater den Handel auf Arzneiwaren ausgedehnt oder umgestellt haben. Allerdings weist in dem Sterbeeintrag des Vaters nichts auf eine Tätigkeit als Laborant hin. In den Akten des Findeisenarchivs befindet sich aber die Aussage, daß sich Gotthilf Friedrich Gnüchtel (III/1), als er 1770 um Konzession zur Bereitung von 50 Medizinen und allerhand Branntweinen bat, auf seinen Vater bezog. Er wurde vom Amtsphysikus Dr. Forberger geprüft und in der Herstellung der Präparate, wie auch im Wissen um die Beschaffenheit der einzelnen Bestandteile als unwissend und unerfahren eingeschätzt. Daraufhin entschuldigte sich Gotthilf Friedrich Gnüchtel damit, daß er es vom Vater so »erlernet habe und gern Belehrung annehme«. Also hatte sich sein Vater als Laborant betätigt. Forberger hielt die Rezepte nicht für schädlich oder verdächtig, nur für sehr mager. Die Präparate aber wären von besserer Beschaffenheit und für das Ausland genügend. Die Einschätzung Dr. Forbergers könnte die These bekräftigten, daß George Friedrich (II/2) Gnüchtel für die Bereitung von Arzneien wirklich nicht die besten Voraussetzungen hatte. Die mangelnde Qualität könnte aber genauso ein Ausdruck unternehmerischer Sparsamkeit sein, denn wozu sollte er mehr aufwenden, wenn sich auch die vorhandenen schlechten Arzneiwaren gut verkaufen ließen.

Trotz der anfänglich unrühmlichen Beurteilung durch den Amtsphysikus gelang es Gotthilf Friedrich, den Handel sehr erfolgreich zu gestalten.

Die Anerkennung, die er und seine Familie genoß spiegelt sich auch darin wider, daß zu den Taufpaten seiner Kinder u. a. folgende anerkannte Persönlichkeiten des Ortes gehörten:

– Georg(e) Friedrich Gnüchtel, Bruder von
Gotthilf Friedrich (III/1) Bürger, Ratsassessor und
Seifensieder;
– Meister Johann Gottlieb Lorenz, Bürger, Flaschner und
Kommunvorsteher;
– Nicolaus Traugott Großmann, Bürger und Chymikus,
er war als Laborant tätig;
– Jungfrau Christiana Carolina, Herrn Johann Jacob
Lenks, Ratsassessor, auch Kauf- und Handelsmann,
zweite Tochter.

Mit der Auswahl dieser Taufpaten versuchte Gotthilf
Friedrich den Entwicklungsweg seiner Kinder gut abzusichern.

Sein Wohlstand erlaubte es ihm, seinen drei Söhnen
ein Studium und damit eine fundierte Ausbildung, die er
selbst nicht hatte, zu ermöglichen.

Fürchtegott (IV/1), am 25. Januar 1776 geboren, wurde
später als Apotheker bezeichnet und hatte mehrere
Semester in Erlangen studiert. David Heinrich (IV/2), am
18. Juli 1782 geboren, war Kandidat der Rechte und arbeitete als Aktuar im Königlich Sächsischen Kreisamt
Schwarzenberg. Christian Ferdinand (IV/3), am 3. Dezember 1785 geboren, studierte Chemie.

Mit Fürchtegott (IV/1) und Christian Ferdinand (IV/3)
hatte sich eine neue Generation von Laboranten entwickelt, die den Fortbestand des Geschäftes der Familie
Gnüchtel absicherten.

In einem 1799 erstellten Verzeichnis »derer allhier wohnenden Artzney Laboranten« wurden u. a. angegeben:

»2) Herr Gotthilf Friedrich Gnüchtel, ein Laborant
3) Herr Fürchtegott Gnüchtel, dessen Sohn, welcher
zwar in Erlangen die Apotheker-Kunst gelernet, zur Zeit
aber noch nicht examiniert ist« (A 3).

Im Jahre 1808 nannte eine behördliche Liste als hiesige
Laboranten:

»Nr. 3: Herrn Apotheker Fürchtegott Gnüchtel; Nr. 7:
Herrn Gotthilf Friedrich Gnüchtel« (A 3).

In diesem Zeitraum findet sich in den Unterlagen eine
Notiz, daß Fürchtegott Gnüchtel (IV/1) sieben und
Gnüchtel (III/1) und Sohn (IV/3) zweiundvierzig Landreisende belieferten.

Es ist anzunehmen, daß im Jahre 1808 Fürchtegott
selbständig einen Laborantenbetrieb führte. Er hatte am
14. Januar 1800 Sophia Friederika Luisa geborene Dörf-

fel geheiratet, deren Vater ebenfalls als Kaufmann tätig
war. Nach ihrem frühen Tod ehelichte er 1806 ihre
Schwester Wilhelmine Luise. Somit hatte Fürchtegott einen
eigenen Hausstand und schien auch wirtschaftlich
unabhängig zu sein.

Der jüngere Bruder Christian Ferdinand (IV/3) arbeitete
im väterlichen Geschäft. Am 3. Oktober 1808 heiratete
er Ludovica, die Tochter des Freihofbesitzers Carl Ludwig
Unger.

Im November desselben Jahres starb Gotthilf Friedrich
(III/1). Er hinterließ seiner Witwe, seinen drei Söhnen
und zwei Töchtern das beachtliche Vermögen von 19857
Talern.

Zur besseren Übersichtlichkeit betrachte ich den weiteren
Lebensweg der Brüder Fürchtegott (IV/1) und Christian
Ferdinand (IV/3) getrennt.

Christian Ferdinand, der den Betrieb seines Vaters fortsetzte,
arbeitete sehr eng mit dem Laboranten Traugott
Ludwig Großmann, dem Sohn seines Taufpaten, zusammen.

Am 19. März 1810 führte der Kreisamtsphysikus Dr.
Zeune bei beiden eine Visitation durch. Er überprüfte die
Vorräte, die Präparate, ihre Fertigung und die Inhaltsstoffe.
Er bestätigte beiden, daß ihre Mittel weder schädliche
mineralische Substanzen noch narkotisch wirkende
Pflanzenstoffe enthielten.

»Die meisten Pulver bestehen aus absorbierenden,
mehr aber gelind aromatischen Ingredienzien, die Tinkturen,
Essenzen und Elixiere aus durch Spir. vini extrahierten
gewürzhaften, bittern und stärkenden Pflanzenstoffen« (A 3).

Bei dieser Kontrolle muß Dr. Zeune festgestellt haben,
daß beide Laboranten für ihre Tätigkeit keine Konzession
besaßen.

Bereits im April 1810 wandten sich daraufhin Christian
Ferdinand Gnüchtel und Traugott Ludwig Großmann
an das Kreisamt Schwarzenberg.

In ihrem Gesuch klagten sie über die sich ständig verschlechternden
Absatzbedingungen durch verschärfte
Handelsverbote im Ausland. Ihre Bitte begründeten sie
so:

»Da nun anizo auch in hiesigen Lande der Handel mit
den allhier verfertigt werdenden Olitäten, gebrannten
Wässern und einigen wenigen Sorten Medizin, durch die
errichtete Gendarmerie sehr erschwert werden will, ja so-

gar, wie uns versichert worden ist, in Zukunft bloß denjenigen, welche zur Fabrikation obiger Waren und zum Handel damit allerhöchste Konzession erlangt haben, zugestanden werden soll ...« (A 3).

Dabei verwiesen sie auf das positive Gutachten, welches ihnen der Kreisamtsphysikus Dr. Zeune über die Güte ihrer Waren ausgestellt hatte und äußerten weitere Argumente: »... da auch der größte Theil dieser Waren just bloß zum äußerlichen Gebrauche bei Quetschungen, leichten Wunden, Kopfschmerzen, Ohnmachten und vielen mehr dient, theils auch als Präservativmittel von dem Landmanne und der arbeitenden Klasse, welche, weil sie entweder gar keine oder doch wenigstens äußerst schwer wirkliche ärztliche Hilfe erlangen können, oft von schweren Krankheiten heimgesucht werden würde, wenn sie nicht zum Beweis nach Erkältung, heftiger Anstrengung und dergleichen zu diesen, von uns verfertigt werdenden und bei den zeitherigen Verhältnissen leicht zu erlangenden Waren, ihre Zuflucht nehmen könnten ...

So leben wir in der gewissen Hoffnung, daß, da im Gegentheile (gemeint ist die Nichterteilung der Konzession, d. V.) nicht nur wir, sondern auch so viele arme Landreisende ganz außer Brot gesetzt und an den Bettelstab gebracht werden würden, die von uns ... gesuchte Konzession ..., uns gewiß nicht verweigert werden wird« (A 3).

Im Warenverzeichnis beider Laboranten befanden sich fünf Tinkturen, drei bis vier Essenzen, sieben Elixiere, zehn Sorten Spirituosen, zwei Sorten Liquor, fünf verschiedene Balsame, sechs Sorten Pulver und mehrere destillierte Öle.

Auch der Rat von Eibenstock schloß sich der Bitte der beiden Laboranten befürwortend an. Bedenkt man, daß zu diesem Zeitpunkt noch Vertreter der Familie Gnüchtel und einige Paten dem Rat angehörten, so ist diese Unterstützung von mehreren Gesichtspunkten aus erklärbar.

Obwohl in den Akten des Findeisenarchivs keine Notiz zur Erteilung der Konzession vorhanden ist, weist ein späterer Eintrag über die Anzahl konzessionierter Laboranten im Ort darauf hin, daß Gnüchtel und Großmann eine positive Antwort erhalten hatten. Das Gesuch zur Erlangung der Konzession stimmt inhaltlich mit dem Gutachten über die Qualität der Produkte beider Laboranten, welches der Amtsphysikus angefertigt hat, überein. Das läßt entweder wirklich auf eine ausreichende Qualität der Mittel oder auf gute Beziehungen zum zuständigen Amtsphysikus schließen. Außerdem vermittelt das Schreiben einen sehr plastischen Eindruck des allgemeinen Befindens der Bevölkerung.

Christian Ferdinand setzte den Handel seines Vaters trotz wachsender Einschränkungen kontinuierlich fort. Für das Jahr 1825 steht in den Akten vermerkt, daß Großmann, Gnüchtel und Meichsner 110 Medikamente fertigten. Aber die Rahmenbedingungen wurden immer komplizierter. 1821 äußerte sich der schon genannte Kreisamtsphysikus Dr. Zeune anläßlich eines Gutachtens für die Gebrüder Voigt aus Bockau, »daß es für's allgemeine Wohl durchaus notwendig sei, fernerhin keine Laboranten mehr zu konzessionieren, vielmehr diese Zunft völlig absterben zu lassen« (A 3).

Trotzdem ließ sich auch Eduard (V/2), der am 20. Juli 1809 geborene Sohn von Christian Ferdinand und Ludovica, wie sein Vater zum Chemiker ausbilden, um dann später das väterliche Geschäft übernehmen zu können. Ob er dabei ein Examen absolvierte, ist nicht nachweisbar.

Dabei fällt auf, daß die Behörden, stets die Bezeichnung Laborant gebrauchten, die Beteiligten sich selbst aber, zumindest in Eibenstock an der Wende zum 19. Jahrhundert, als Chemiker, Apotheker oder allgemein als Handelsmann bezeichneten. Liest man in den Kirchenbüchern die Taufeinträge der Kinder von Laboranten, so findet man bei der Nennung des Vaters manchmal das Wort Laborant dazugesetzt. In den Sterbeeinträgen der Laboranten selbst stehen nur die zuerst benannten Berufsbezeichnungen. Diese Handhabung würde auch erklären, warum bei George Friedrich (II/2) kein Hinweis auf die Laborantentätigkeit zu finden war.

Am 27. Mai 1825 starb Christian Ferdinand. Er hinterließ laut Aktenvermerk, eine Witwe und neun Kinder. Jedoch waren zu diesem Zeitpunkt einige der Kinder nicht mehr am Leben. Einige Jahre nach dem Tod seines Vaters ersuchte Eduard Gnüchtel um Erlaubnis, das väterliche Geschäft zu übernehmen. Dr. Zeune hatte ihn und seine Waren sorgfältig überprüft und bezeugte, »daß Gnüchtel die Dispensatorien und Rezeptenbücher seines Vaters, den er bei diesem Geschäfte von Jugend auf mit allem Fleiß beigestanden, beizubehalten und so noch die Fertigung und dessen Handel mit den früheren konzessionierten Artikeln fortzusetzen beabsichtige, übrigens aber nicht nur in der Rohwarenkunde sehr gute, ja gründliche

Kenntnisse sich erworben, sondern auch im chemischen und pharmazeutischen Prozesse als wohl unterrichtet sich bewährt habe« (A 3).

Die Aussagen von Dr. Zeune wurden vom Stadtrat bestätigt. Trotz allem erhielt Eduard keine Übernahmeerlaubnis. Ludovica, Eduards Mutter, erneuerte das Gesuch und erläuterte eindringlich die Situation der Familie.

Daraufhin erhielt Eduard Gnüchtel im Jahre 1831 die Konzession auf Lebenszeit. Um 1832/33 stellte er unter anderem eine »Tinctura Solaris« her, die, wenn man mehrmals täglich 50 bis 60 Tropfen auf Zucker, in Wein oder Wasser zu sich nahm, als wahre Blutreinigung wirken sollte.

Eduard selbst konnte diese Medizin nicht erretten, der schon im Gesuch der Mutter als kränkelnd beschriebene junge Mann starb am 22. Mai 1842 unverheiratet im Alter von 32 Jahren. Im Sterbeeintrag des Kirchenbuches steht unter Beruf »konzessionierter Chemiker«. Ludovica gestattete man das Geschäft noch bis zum Endes des Jahres fortzuführen. Danach ging dieses einst so blühende Unternehmen ganz ein.

Fürchtegott Gnüchtel schien mit seinem Vertrieb von Arzneiwaren, Ölen und gebrannten Wässern gute Gewinne erzielt zu haben. Während man ihm bei der Geburt seiner ersten Kinder im Zeitraum von 1802 bis 1812 einen hiesigen Bürger und Apotheker nannte, wurde er bei der Geburt seines Sohnes Erich am 20. Januar 1813 als Besitzer des Muldenhammers bezeichnet. Der Taufeintrag seines Sohnes Heinrich im Januar 1822 und der Hochzeitseintrag seiner Tochter Auguste Wilhelmine im Jahre 1823 weisen ihn als Besitzer der Hammergüter von Wolfsgrün aus.

Laut Unterlagen des Findeisenarchivs zog er 1837 nach Verkauf des Gutes Wolfsgrün nach Eibenstock zurück. 1839 erschien sein Name erstmalig in der Konzessionsliste der Bier- und Branntweinschenken im Crottenseeviertel von Eibenstock. Er gilt Überlieferungen zufolge als »Erfinder« des Eibenstocker Gnüchtelbittern oder Echten Gnüchtel'schen Eibenstocker Magenbittern. Ein handgeschriebenes Rezeptbuch enthält, neben anderen, eine Vorschrift zur Herstellung eines Englischen Magen Bittern. Die dort mit anderer Handschrift gemachten Zusätze deuten auf eine Überarbeitung vielleicht zum Eibenstocker Magenbittern hin. Allerdings trägt dieses Dis-

pensatorium aus dem Jahr 1836 den Namen von Eduard Gnüchtel. Wie oder ob überhaupt dieses Dispensatorium in den Besitz von Fürchtegott gelangte und ob er oder schon sein Bruder die Zusätze anbrachte, ist wohl kaum noch bestimmbar. Sicherlich hatten aber beide als gemeinsame Ausgangsbasis die väterlichen Rezepte.

»Im Jahr 1847 klagt Fürchtegott, daß er im Schank sehr wenig umsetzte, wahrscheinlich brachte ihm die Destillation guter und berühmter Liköre umso mehr ein« (A 3).

Am 18. Juli 1850 starb Fürchtegott.

Sein Sohn Albrecht (V/1), dreizehntes Kind aus zweiter Ehe, der am 2. Juli 1826 geboren war, wurde als Ökonom bezeichnet. Aus den Unterlagen ist nicht ersichtlich, welche Tätigkeit er zum Zeitpunkt des Todes seines Vaters ausübte. Vorerst übernahm die Erbengemeinschaft die Schankkonzession. Ab 1852 verwaltete Albrecht im Auftrag dieser Erbengemeinschaft das Unternehmen seines Vaters, und 1855 bekam er für ein Haus die Schankkonzession vollständig übertragen. Am 6. Februar ehelichte er Maria Theresia, die Tochter des Senators und Kirchenvorstehers Carl Friedrich Heymann. Die Entwicklung und Herstellung feiner Liköre und das Schankgeschäft garantierten der Familie einen soliden Wohlstand. Im August 1894 verkaufte Albrecht höchstwahrscheinlich aus Altersgründen sein Unternehmen an Emil Eberwein. Im Kaufvertrag bestätigte er, daß das Destillationsgeschäft seit zweiundvierzig Jahren von ihm betrieben wurde.

Mit Albrecht Gnüchtel vollzog sich endgültig der Wandel vom Arzneilaboranten zum Geschäftsführer eines Destillationsbetriebes. Das Kapital, welches sein Großvater Gotthilf Friedrich mit der Herstellung und dem Handel von Arzneiwaren erwirtschaftet hatte, wurde schon von seinem Vater Fürchtegott nicht mehr vollständig im Arzneilaborantengeschäft angelegt. Vor dem Hintergrund immer schlechter werdender Produktions- und Absatzbedingungen, wandten sie sich einem auf den Grundlagen des Arzneilaborantenwesens aufbauenden neuen Erwerbszweig zu.

So vollzogen sich innerhalb einer Familie zwei völlig unterschiedliche Prozesse. Während die Linie von Christian Ferdinand durch eine Verkettung unglücklicher persönlicher Umstände mit dem Ende des Laborantenwesens auch fast selbst erlosch, schafften Fürchtegott und sein Sohn Albrecht den Anschluß an eine neue Entwicklung.

Stammtafel der Familie Gnüchtel, Eibenstock
(reduziert auf Personen, die für die Entwicklung des Laborantenwesens bedeutend waren)

Tafel 1

I/1   George Friedrich
Handelsmann, Spitzenhändler

geb. -
gest. 18. August 1744 im Alter von
67 Jahren

verh. Rosina
geborene Fuchs(in)
geb. -
gest. 19. Oktober 1745 im Alter von
57 Jahren

II/1   Christian Friedrich
angesehener Handelsmann allhier und
in Schönheide

geb. 7. Juli 1724 in Schönheide
gest. -

verh. 1760 Johanna Sophia
weiland Herrn Andreas Gnüchtel,
angesehener Handelsmann allhier und
in Schönheide hinterlassene Witwe

II/2   George Friedrich
Bürger, Spitzenhändler

geb. 7. Dezember 1712
gest. 14. Dezember 1767

verh.I
19. Oktober 1739 Christliebe(a)
geborene Gerisch(en)
Tochter des Michael Gerisch(en),
Weißgerber und Spitzenhändler
geb. 17. Juni 1718
gest. 31. Januar 1751

verh. II
30. November 1752 Johanna
Christlieba
weiland Herrn Georg Heinrich
Heidenfelders, Inwohner und Handelsmann in Schönheide hinterlassene
eheliche einzige Tochter

Tafel 2 / 3

II/2   George Friedrich und Christliebe(a)

III/1   Gotthilf Friedrich
Bürger und Handelsmann, Ratsherr,
Beisitzer und Kämmerer

geb. 26. Oktober 1747
gest. 26. November 1808

verh. 14. Mai 1771 Christiana Juliana
Herrn Jacob Lenkens, Bürger und Handelsmann allhier älteste Tochter
geb. -
gest. 3. Juni 1820 im Alter von 68 Jahren

IV/1   Fürchtegott
Bürger, Apotheker, zeitweilig Besitzer der
Hammergüter Wolfsgrün und später des
Gutes Muldenhammer

geb. 25. Januar 1776
gest. 18. Juli 1850

verh. I
14. Januar 1800 Sophia Friederika Luisa
geborene Dörffel, Vater war als Kaufmann
tätig
geb. 26. April 1778
gest. 17. August 1805

verh. II
1806 Wilhelmine Luise
geborene Dörffel, Schwester der verstorbenen Ehefrau
geb. -
gest. 7. November 1848 im Alter von 63
Jahren

IV/2   David Heinrich
Aktuar im Königlich Sächsischen
Kreisamt Schwarzenberg

geb. 18. Juli 1782
gest. 14. Oktober 1809

verh.
12. Juni 1808 Auguste Henriette
Herrn Johann Friedrich Groß, hiesiger
Bürger und der Jägerei beflissen eheliche
Tochter

IV/3   Christian Ferdinand
Chymiker und Handelsmann allhier

geb. 3. Dezember 1785
gest. 27. Mai 1825

verh.
3. Oktober 1808 Ludovica
Herrn Carl Ludwig Ungers, Freihof-
besitzer allhier einzige Tochter 1. Ehe
geboren zu Breitenhof
geb. 8. Juli 1788
gest. 20. Dezember 1864

V/1   Albrecht
Ökonom, Destillateur in Eibenstock

geb. 2. Juli 1826
gest. 22. Juni 1895

verh.
6. Februar 1853 Maria Theresia
geborene Heymann, Tochter des Senators,
Kirchenvorstehers und Kaufmanns Carl
Friedrich Heymann
geb. 20. Febr. 1832
gest. 1. August 1910

(A 9)

V/2   Eduard
Bürger, Kaufmann und konzessionierter
Chymiker allhier

geb. 27. Juli 1809
gest. 22. Mai 1842

Die Bockauer Arzneihändlerfamilie Friedrich

Bei der Beschreibung dieser Familie stütze ich mich vor allem auf die Sachverhalte, die der gegenwärtige Pfarrer des Ortes Jochen Härtwig aus den Unterlagen des Pfarramtes und den Gerichtsbüchern von Bockau erarbeitet hat.

Vermutlich begann in dieser Familie der Arzneihandel mit Michael Friedrich (I/1), der von 1613 bis 1667 lebte. Er war Landfuhrmann und zeitweilig auch Dorfrichter. Sein gleichnamiger Sohn (II/1), 1655 geboren, führte die Tätigkeit eines kaiserlich privilegierten Arzneihändlers aus. Wahrscheinlich erstreckte sich ihre Kundschaft bis nach Österreich, denn dort starb Valentin (II/2), Michaels Bruder (II/1), im Jahre 1683 während der türkischen Belagerung an der Pest. Michael (II/1) übte, genau wie sein Vater, für einige Jahre das Amt des Richters und auch des Kirchenvorstehers aus.

Der 1700 geborene Johann Gottlieb (III/1), Sohn von Michael (II/1), setzte die Reihe der Arzneihändler fort. Er heiratete eine Tochter des kaiserlich privilegierten Arzneihändlers Christian Leichsenring. Im Alter von nur vierzig Jahren starb er auf einer Handelsreise im österreichischen Krems. Da der Sohn Johann Gotthold (IV/1) zum Zeitpunkt des Todes seines Vaters erst zehn Jahre alt war, ist anzunehmen, daß entweder ein Vormund oder die Mutter das Geschäft aufrechterhielt. Jedenfalls konnte Johann Gotthold (IV/1) den Arzneihandel später sehr erfolgreich fortsetzen. In allen Urkunden wurde er als »Herr« bezeichnet, was auf Ansehen und Wohlstand schließen läßt. Auch er heiratete ein Mädchen aus einer Arzneihändlerfamilie und zwar Juliana Dorothea Oertel, deren Vater Bürger und Kaufmann in Bockau und in Breslau war. Im Verlauf der Ehe schenkte Juliana Dorothea zehn Kindern das Leben. Davon starben drei im ersten Lebensjahr. Sieben Kinder überlebten den Vater. Zu ihnen gehörte Traugott Heinrich (V/1), der am 18. Juli 1779 als neuntes Kind zur Welt kam. Am 14. Juli 1785 starb der Vater (IV/1) von Traugott Heinrich. In den »Jährlichen Nachrichten von dem Bergflecken Bockau bey Schneeberg zum neuen Jahre 1786« steht zu seinem Tod folgender Eintrag: »Herr Johann Gotthold Friedrich ein guter, redlicher angeseßner Inwohner und renomirter Arzneyhändler, starb an der Auszehrung den 14. Jul. und wurde Dom. 8. p. Trin. mit Leichenpredigt und Abdankung ansehnlich beerdigt. Alter 55. Jahr und 5. Monathe. Ihn beweinet eine treue Gattin und sieben liebe Kinder, welche meistentheils unerzogen sind« (A 10, 1786).

Alle Söhne des Johann Gotthold betätigten sich im Arzneihandel, Johann Gotthold, sein gleichnamiger Sohn und Gottlob Daniel in Bockau, Carl Wilhelm in Breslau. Eine der Töchter, Johanna Dorothea, heiratete 1799 den Arzneihändler Christian Gotthelf Zeeh (beim Eintrag des Todes im Kirchenbuch als Johann Gotthelf Zeeh genannt).

Es lag also sehr nahe, daß auch Traugott Heinrich nach dem Schulbesuch auf dem Gebiet des Arzneihandels tätig wurde.

Ende November 1811 heiratete er in Hundshübel Erdmuthe Wilhelmine Krauß, eine Tochter des Kauf- und Handelsmanns Christian Friedrich Krauß. Ein Jahr später kaufte er seiner Mutter das Haus der Ortsliste 23 Dorfstr. 24 für 300 Taler ab und gründete wahrscheinlich seine eigene Firma. Trotz der sich deutlich verschlechternden Bedingungen des Arzneihandels hatte Traugott Heinrich Erfolg und entwickelte sich zu einer geachteten Persönlichkeit. Schon 1813 war er als »Ausschuß-Person oder Rechnungs-Defectant« verpflichtet worden, d. h. er war Mitglied in einer der Vorformen des späteren Gemeinderates geworden. »Der Tod des Johann Gotthelf Zeeh (also des Schwagers von Traugott Heinrich, d. V.) muß der Anlaß zu Friedrichs erstem Gesuch vom 26. Mai 1813 gewesen sein. Die Erben waren gewillt, mit Genehmigung die hinterlassene Handlung dem Friedrich zu übertragen, wodurch die Zahl der Geschäfte in dem Dorfe Bockau die gleiche blieb ... Weder dieses noch zwei weitere Gesuche und eine Vorsprache in Dresden waren von Erfolg. Erst ein Gesuch vom 24. April 1818 hatte mit besonderer Unterstützung aus dem Kreisamte erreicht, was angestrebt war« (37).

Traugott Heinrich erweiterte 1816 den Umfang seiner Firma. Dazu verkaufte er für 460 Taler das offenbar zu klein gewordene Haus und ersteigerte für 3070 Taler das Haus der Ortsliste 135 (Hauptstr. 12) und das Gut Ortsliste 142 (Schwarzenberger Str. 10). 1823 gehörte Traugott Heinrich zu den neun konzessionierten Bockauer Laboranten, denen 33 unkonzessionierte gegenüberstanden. 1838 fügte er dem Besitz das Haus Ortsliste 134 (Hauptstr.10) hinzu, das er zu seinem Wohnhaus machte. Aber bereits 1843 verkaufte er das letztere Haus wieder und zog in das Nachbarhaus, das dann für die Zukunft Firmensitz blieb. Die Ausdehnung des Geschäftes zum Großhandel war Traugott Heinrichs einzige Chance, trotz der vielen einschränkenden gesetzlichen Maßnahmen des Aus- und Inlandes Gewinne zu erzielen.

Ein anschauliches Bild der Firma gab 1841 Johann Traugott Lindner in der Darlegung seiner »Wanderungen durch die interessantesten Gegenden des Sächsischen Obererzgebirges«.

»Die Traugott Heinrich Friedrichsche Handlung ist im Orte die vorzüglichste, und da jeder anständige Fremde in derselben die wohlwollendste und uneigennützigste Aufnahme findet, so wollen auch wir davon Gebrauch machen, um aus dem Munde und den Rechnungsbüchern des Handelsherrn die Eigentümlichkeit der Nahrungsverhältnisse im Ort zu vernehmen. Wir hören, daß in Bockau jährlich

8 bis 900 Zentner Angelica, a' Centner 6 bis 15 Thaler, gegenwärtig (1841) 9 bis 11 Thaler,
15 bis 20 Centner Baldrian zu 6 bis 7 Thaler,
10 bis 15 Centner Rhabarber, a' Centner 6 bis 8 Thaler,
15 bis 20 Centner wilde Bärwurzel, a' Centner 5 bis 6 Thaler, und 2 bis 3 Centner Leibstöckel (Ligusticum levisticum), a' 7 bis 8 Thaler,

erbaut und bei Weitem der größere Theil von Herrn Friedrich erkauft und versendet wird. Demnächst bedarf dieser für sein Geschäft 14 bis 16,000 Dutzend kleiner Schachteln zu dem sogenannten Schneeberger Kräuterschnupftabak und bezahlt für das Dutzend 1 bis 4 Groschen Macherlohn. Die Herren Zeeh und Brückner dasselbst bedürfen für denselben Zweck ebenfalls 6 bis

8000 Dutzend jährlich; nicht minder sind für Bockau außerdem 50,000 Schachteln zu Räucher-, Zahn- und Seifenpulver, ferner Pflaster, Pillen, Räucherkerzen und dergleichen mehr erforderlich ...

Bei weitem der größere Teil der genannten officinellen Gegenstände werden auf Messen und sonstigen Vertriebskanälen über Nürnberg nach Frankreich, Italien, Oesterreich, Preußen, Rußland und selbst nach Nordamerika versendet ...« (38, S. 22, 23).

Aus einer Widmung Nürnberger Freunde geht hervor, daß Traugott Heinrich Friedrich die Messen in Nürnberg 42 Jahre lang »126 Mal unausgesetzt bezogen« hat (vgl. 37).

Am 1. November 1848, dem Revolutionsjahr, starb Traugott Heinrich Friedrich.

Zu seinem Tod teilen die »Jährlichen Nachrichten von dem Bergflecken Bockau ...« mit: »... Seine bedeutenden Geschäftsverbindungen, seine Treue und Gewissenhaftigkeit, sein großer Fleiß, sein weiches Gemüth und zartfühlendes Herz machten ihn zum Versorger so vieler Familien dieses Ortes« (A 10, 1849).

Natürlich muß er als Unternehmer in diesem von allen Seiten bedrängtem Geschäft auch über ein gut ausgeprägtes Durchsetzungsvermögen verfügt haben.

Nach Aussagen von Weiß führte die hinterlassene Frau die Firma gemeinsam mit Karl Daniel Georgi, der bei Traugott Heinrich sieben Jahre als Geschäftsführer tätig war, weiter. Dieser wurde am 15. Dezember 1865 als Verwalter des Geschäftes mit Arzneiwaren vereidigt.

1881 gelangten das Haus und die Firma in Besitz von Carl Isidor Weidmann. Aus dessen Händen wechselte der Besitz 1903 an Carl Heinrich Schwotzer. Die Nachkommen dieses Besitzers haben die Produktion bis heute aufrechterhalten.

Übersichtstafel der Familie Friedrich (Bockau)

I/1   Michael Friedrich
(auch Mühl-Michel)
geb. 1613
gest. 1667

II/1   Michael   II/2   Valentin
geb. 1665
gest. 1737   gest. 1683

III/1   Johann Gottlieb
geb. 1700
gest. 1740

IV/1   Johann Gotthold
geb. 1730
gest. 14. Juli 1785
verh. Juliana Dorothea (geborene Oertel)

V/1   Traugott Heinrich
geb. 18. Juli 1779
gest. 4. Nov. 1848
verh. Nov. 1811,
Erdmuthe Wilhelmine
(geborene Krauß)

(A 2)

Einige Vermutungen
um die
Bockauer Laborantenfamilie Kies

Die folgenden Aussagen recherchierte der Bockauer Ortschronist Gerhard Leichsenring.

In Bockau wurde 1976 ein Wohnhaus verkauft. Der ehemalige Besitzer, Gustav Herrmann, war um die Jahrhundertwende Gemeindevorsteher von Bockau und ein sehr gebildeter Mann. In seiner Freizeit sammelte er Zeugnisse über das Laborantenwesen seines Heimatortes. Aufgrund seiner humanistischen-freiheitlichen Ansichten wurde er im Dritten Reich verhaftet. Den Aufenthalt im KZ überlebte er nicht.

In den siebziger Jahren fanden die neuen Eigentümer bei Aufräumarbeiten auf dem Oberboden ein paar sehr gut verschnürte Päckchen. Sie enthielten, wie sich später zeigte, bedruckte Zettel, die um die Wende vom 18. zum 19. Jahrhundert durch die Druckerei Fulde in Schneeberg hergestellt wurden und die nun schon recht vergilbt waren.

Der Inhalt dieser Bögen, die doppelt lagen und noch nicht einmal auseinandergeschnitten waren, bezog sich auf die Olitäten folgender fremder Apotheker und Laboranten:

1. Augsburger Lebensessenz des Dr. J. G. Kiesow
2. Essentia lignorum – anonym
3. Universalbalsam I. M. Greehahn, Reichmannsdorf
4. Muellersche Kronwunderessenz Clas Mueller, Altona
5. Ballhausische Schwarze Magen- und Gallentropfen
6. Tinctura Solaris ohne Angabe
7. Antispasmotica ohne Angabe
8. Wiener – oder Jerusalmetanischer Balsam der Gebrüder Armenicho, Wien
9. Hamburgisches Universallebensöl J. J. Liebisch, Hamburg
usw.

Es befand sich also kein einziger Hinweis auf Bockauer Produzenten darunter.

Das warf viele Fragen auf.

Warum gab es in Bockau diese Vielzahl von Handzetteln für Fremde und von Produkten, die einheimische Laboranten selbst erzeugten?

Wenigstens in einem Fall kann man verschiedene Möglichkeiten in Betracht ziehen.

Christian Probst widmete in seinem Buch über »Fahrende Heiler und Heilmittelherstellung« ein Kapitel Dr. Kiesow, dem Hersteller der Augsburger Lebensessenz, also genau jener Essenz, die auch auf einem dieser Druckbögen beschrieben stand.

Nach Probst war Johann Georg Kiesow 1718 in Saarbrücken geboren. Seine Familie stammte aus Pommern. Johann Georg studierte in Straßburg Medizin. Während seines späteren Wirkens als Militärarzt und Hausmedikus entwickelte er die Lebensessenz. 1762 ließ sich Kiesow in Augsburg nieder und bekam 1763 vom Kurfürsten von Bayern ein Patent verliehen, das ihm den Verkauf in dessen Landen erlaubte. Später durfte er sogar den Titel eines kurbayerischen Rates tragen. 1764 erhielt er das Privilegium exclusivum durch Kaiser Franz, für zehn Jahre im Heiligen Römischen Reich die Essenz herzustellen und zu verkaufen. 1784 verlängerte man das Privileg auf weitere zehn Jahre. 1786 verstarb Dr. Johann Georg Kiesow, dessen Erbe von einem gleichnamigen Mediziner 1800 übernommen wurde.

In Bockau gab es eine Familie ähnlichen Namens, nämlich Kies,* deren Geschichte der Bockauer Pfarrer Jochen Härtwig erforscht hat.

In der vierten Generation wird der 1621 geborene Hans Kieß erwähnt. Er soll Händler gewesen sein, und Händler bedeutete in Bockau, daß auch Arzneimittel zur Ware gehörten. Die Handelstätigkeit der Familie Kieß setzte sich ununterbrochen über sieben Generationen hinweg fort. Das Sortiment wurde durch die Fertigung von Olitäten ergänzt. Erst mit dem Tod von Clemens Kies 1970 endete die Erzeugung der Laborantenprodukte. Clemens Kies war Schneidermeister und Destillateur und besaß auch für beide Gewerbe eine Zulassung. Zeit seines Lebens stellte er Lebensöl und Lebensessenz her.

Sollte eine Verbindung zwischen der Bockauer Familie Kieß und dem Dr. Johann Georg Kiesow evtl. gegeben sein?

Die Namen Hans, Johann, Johannes waren in dieser Familie in jeder Generation vertreten.

Und reisten die Bockauer nicht in ganz Europa umher? Die Endung ow war eine unwesentliche Veränderung des Namens.

Wie und warum kamen ca. vierhundert Beschreibungsblätter der Lebensessenz nach Bockau? Sollten sie ein Plagiat legalisieren? Wurden diese Tropfen in Kommission gehandelt, oder gab es verwandtschaftliche Beziehungen?

Im Rezeptbuch des Bockauer Christian Gotthold Kieß, der 1868 auf einer Handelsreise verstarb, sind zwei Lebensessenzrezepte zu finden. Eines mit zwölf, ein anderes mit vierzehn Zutaten. Emil Kieß und sein Sohn Clemens, ein anderer Zweig der Familie, stellten ebenfalls Augsburger Lebensessenz her. Auch dessen Nachbar A. Weidmann destillierte und verkaufte diese Essenz. Beide Firmen verwendeten sogar die gleiche Beschreibung.

Aloe, Rhabarber, Tipptam, Cremor tatari, Galgand bildeten bei allen Heilmitteln der Laboranten die Hauptbestandteile.

Bei Emil Kieß lautet der Text auf dem Etikett:

»Diese Essenz ist ein gutes Hausmittel für den verdorbenen Magen, Magenweh, Magenkrampf, Gelbsucht, Schwindel, Ohnmacht, Kopfweh, Engbrüstigkeit ...«

Auf den gefundenen Handzetteln des Dr. Johann Georg Kiesow waren die einzelnen Gebrechen genau in derselben Reihenfolge genannt. Sollte wirklich alles nur auf eine einfache Nachfertigung des Originalpräparates hinweisen?

Die Bockauer geben sich damit nicht zufrieden, weitere Untersuchungen sollen demnächst Licht ins Dunkel der Vergangenheit bringen.

---

*Die Schreibweise wechselte ab und zu zwischen Kieß und Kies.

Zum Niedergang
des
Laborantengewerbes

In einem vorhergehenden Abschnitt habe ich beschrieben, wie die gesetzlichen Regelungen der Regierung den Handlungsspielraum der Laboranten schrittweise einschränkten. Es war nur eine Frage der Zeit, bis dieser Erwerbszweig völlig zum Erliegen kam. Genauso komplex wie die Entstehungsbedingungen für das Arzneilaborantengewerbe, sind auch die Ursachen für den Niedergang.

Im Zeitraum der Entwicklung bestanden noch recht vielseitig geprägte Austauschbeziehungen zwischen den drei Hauptgebieten Thüringen, Schlesien und dem Erzgebirge. Es gibt Belege dafür, daß sich Bockauer Arzneilaboranten in Schlesien niederließen, andere dort ihre Ausbildung erhielten, daß Thüringer Laboranten in erzgebirgische Laborantenfamilien einheirateten, und all das ist wechselseitig in vielen Variationen darstellbar.

Mit steigender Anzahl der Hersteller von Arzneiwaren und der für sie tätigen Landreisenden verschärfte sich der Kampf um Absatzmärkte. Diese Entwicklung spitzte sich mit den Maßnahmen der jeweiligen Landesregierung zur generellen Einschränkung des aus den Fugen geratenen Arzneihandels zu.

Sicher gab es immer und überall gute und schlechte Laboranten und gewiß auch Betrüger. Namentlich als das Gewerbe allmählich zu Ende ging, versuchte mancher, seine Konkurrenten bzw. ihre Erzeugnisse schlechtzumachen, indem er ihnen Verfälschung oder Nachahmung fremder Produkte vorwarf.

In zahlreichen Beschwerdebriefen und bei Ersuchen um Konzession wurde kaum eine Gelegenheit versäumt, auf die schädlichen Aktivitäten der Arzneiwarenhändler aus anderen Orten hinzuweisen und die Qualität ihrer Mittel anzuzweifeln. Wurde der Vergleich dagegen mit Apothekerwaren oder Erzeugnissen des damals in gutem Ruf stehenden Hallischen Waisenhauses geführt, so verwies man darauf, daß die eigenen Produkte qualitätsmäßig nicht nachstünden und die gleiche Güte besäßen. Dazu drei Auszüge:

»... weshalb bereits unter dem 6. Mai 1776 die Gebrüder Zeeh in Bockau eine Beschwerde eingereicht hatten, in welcher sie sagten, dass sie ohngeachtet ihrer Atteste und des von ihnen und ihren Vorältern länger als ein Jahrhundert ungehindert in- und ausserhalb Sachsens betriebenen Gewerbes von den sogenannten Königseern nebst einer großen Menge böhmischer und ungarischer verdorbener Viehhirten und Bergleute, besonders aber auch auf hiesigen Messen sich einfindenden ›Hällischen Soldaten-Weibern‹ bedeutenden Schaden erlitten. Dieselben besuchten mit ihren schlecht gefertigten und daher sehr wohlfeilen Hausmitteln, ... Messen und Märkte und handelten in Städten und auf dem Lande, so dass die Beschwerdeführer selbst von den meisten inländischen Jahrmärkten durch diese Leute verdrängt worden seien. Ja, durch eine Verordnung von 1775 sei auch ihnen der Besuch der Märkte in Anhalt, Dessau, wo sie doch ungehindert seit 200 Jahren ihre Waren verkauft hätten, verboten worden, und zwar aus dem Grunde, weil man sie mit unter die ›Königseer, Marktschreier und andere dergleichen Pfuscher und Quacksalber‹, ... gezählt habe ...« (9, S. 33, 34).

Diese Beschwerde der Laborantenfamilie Zeeh ist einer der frühen Belege für Auseinandersetzungen zwischen den Konkurrenten.

Das Konzessionsgesuch der Eibenstocker Laboranten Christian Ferdinand Gnüchtel und Traugott Ludwig Großmann vom 4. April 1810 wendet sich vor allem gegen den wachsenden Einfluß fremder Laboranten.

»... durch die von uns verfertigt werdenden Waaren noch niemale ein Unglück veranlaßt worden, wohl aber dergleichen von den Schwarzburgischen Oehl und Medicin Händlern oder den sogenannten Königseern, welche gewiß siebenmal mehr von ihren Waaren als die hiesigen Landreißenden von den unsrigen in hiesigen Landen, wo sie an mehreren Orten, ja beinahe auf jeden Dorfe Niederlagen von ihren Waaren halten, ... die von uns anizo allen unterthänigst gesuchte Conceßion zur Fabrication mehr gedachter Waaren und zum Handel damit uns gewiß nicht verweigert werden wird, und wir damit doch wenigstens den Ausländern, als z. B. den Hällischen Waisenhaus werden gleich gestellt würden ...« (A 3).

Und natürlich erreichen auch den sächsischen Kurfürst und seine Behörden Beschwerden fremder Produzenten.

»In einer Schrift an den Landesfürsten Kurf. Friedrich Aug. klagt D. Samuel von Madai wider den Arzneilaboranten Nicolaus Großmann in Eibenstock wegen Nachfertigung des Hallischen Waysenhauß Expeditions Siegels.

Großmanns Appellation wird zurückgewiesen, aber ihn der Verkauf seiner Waaren weiterhin gestattet« (A 3).

Peickert wies in seiner Dissertation nach, daß sich die Regierungen wenig um die Klagen der einzelnen Produzenten kümmerten, wenn die Fälscher nur selbst die Konzession hatten. »Die sächsische Regierung erlaubte dem Porzellanmaler Heinrici in Meißen ausdrücklich die Nachahmung des Schauerschen Balsams, für den sie vorher dem ›Chymico und Destillatori Johann Caspar Schauer zu Augspurg‹ ein Produktionsprivileg mit Ausschlußklausel und Strafandrohung für den Verfälscher ausgestellt hatte. Dem Laboranten Lösch wurde von der kursächsischen Regierung am 23. Februar 1787 die Erlaubnis erteilt, ›dieselben Waren‹, die sein Kollege Voigt ›herstellt‹, auf den Niederlausitzer Jahrmärkten zu verkaufen. Die Laboranten, die von der Regierung Schutz des eigenen Warenzeichens forderten, bedachten nicht, daß der größte Teil ihrer Erzeugnisse in Fälschungen von Mitteln bestand, deren Originalfabrikanten damals alle noch selbst die Arzneimittelproduktion betrieben« (5, S. 123, 124).

Aufgrund der Zunahme der sich in den Städten etablierenden Apotheken kam es zu Auseinandersetzungen zwischen Arzneilaboranten und Apothekern. Letzteren stand von altersher das Recht zu, Arzneien zu verkaufen. Diese Gesetzeslage wurde durch die Generalverordnung vom 29. Juli 1750 und das Mandat vom 13. Dezember 1768 bekräftigt. Aber es bestand auch die Möglichkeit, mit spezieller Genehmigung, Arkana (Geheimmittel) und andere vorzügliche Arzneimittel, die in den Apotheken gewöhnlich nicht gefertigt wurden, herzustellen. Nach der Deklaration vom 29. Aug. 1710 erteilte diese Genehmigung, in der Form eines Privilegs oder einer Konzession, nur die Landesregierung. Falls ein Privileg angestrebt wurde,

mußte sich der Bittsteller zur Entrichtung einer gewissen jährlichen Gebühr verpflichten.

In der Entstehungsphase der Apotheken arbeiteten die Apotheker überwiegend als Medizinalwarenhändler. Sie fertigten die Arzneien nicht selbst, sondern verkauften ausländische, besonders aus Italien kommende Heilmittel und Spezialitäten. Außerdem betätigten sie sich oftmals als Zuckerbäcker. Etwa nach Mitte des 15. Jahrhunderts begannen die Apotheker, Arzneien nach gewissen Regeln oder auf Anweisungen, die ihnen Ärzte anfangs mündlich und später schriftlich übermittelten, selbst zuzubereiten (vgl. 19, S. 7).

Ab Mitte des 17. Jahrhunderts entwickelten sich Apotheker und Laboranten soweit, daß sie zunehmend in Interessenkonflikte gerieten.

Zu Beginn hatten beide gleichermaßen eine Daseinsberechtigung, denn um einem möglichst großen Anteil der Bevölkerung den Zugang zu Arzneien zu ermöglichen, brauchte man Anbieter mit unterschiedlichem Preisniveau. In der bestehenden verwaschenen Gesetzeslage waren aber die späteren Konflikte schon vorprogrammiert.

In einem Beitrag zur Geschichte des Medizinalwesens in Kursachsen, der 1804 veröffentlicht wurde, schilderte der Autor das Verhältnis zwischen Apotheker und »Königseer«:

»Schon im 3ten Jahrzehnte des vorigen Jahrhunderts fanden die Apotheker sich veranlasset, über ihren Unfug (gemeint sind die Königseer, d. V.) sich zu beklagen, aber auch schon damals fühlte man die Nothwendigkeit, diese Arzneykrämer unter einer gewissen Aufsicht zu dulden, weil sie ihre Waaren für billigere Preise verkauften, und dem gemeinen und Landmanne deren Anschaffung um einen leidlichen Preis nicht zu mißgönnen war. Ueberdieß waren in den Apotheker-Privilegien die Jahrmärkte ausdrücklich ausgenommen, und die Uebersetzung der Leute im Preise war schon damals, in Ermangelung eines Dispensatorii und einer Apotheker Taxe, unerhört. Es wird auch gewiß jetzt noch fast nichts so unverhältnismäßig theuer bezahlt, als die Medicamente aus den Apotheken, und es sind die Preise dafür oft ganz übertrieben. Die einfachsten und oft sehr wohlfeilen Producte, selbst inländische Erzeugnisse, werden für ungeheure Preise verkauft ... Fast jeder scheut darum den Arzt und Apotheker ... Beide schreyen über Eingriffe, Unordnung in dem Medicinalwesen, Unfug der Medikaster und Arzneykrämer ec., und scheinen gar nicht oder wollens nicht fühlen, daß sie gerade eben diejenigen sind, die dergleichen Erscheinungen durch ihre Kostbarkeit selbst herbeyführen und befördern. Lassen sie sich nur mehr zur Billigkeit herab, und nehmen sie nur, wie jeder andre ehrliche Mann, bey Bestimmung ihrer Belohnung und Bezahlung die verschiedene Verhältnisse zum Maastabe an; dann werden sich jene Eingriffe, Unordnung und Unfug von selbst vermindern und nach und nach gewiß ganz verliehren. So lange aber dieses nicht geschieht, wird, so zu sagen, keine menschliche Macht im Stande seyn, jene Vorliebe des gemeinen und Landmannes für den billigen Afterarzt und Arzneykrämer ganz auszurotten« (19, S. 49, 50, 51).

Diese Schilderung eines speziellen Teils der Zustände im Medizinalwesen von einem der Blütezeit des Laborantenwesen sehr nahestehenden Betrachter, ist für das Verständnis der damaligen Probleme sehr aufschlußreich. Aus seiner Sichtweise gab der Autor den Apothekern an den bestehenden Mißverhältnis eine große Mitschuld. Meines Erachtens konnte jedoch weder der einzelne Apotheker noch der einzelne Laborant die allgemeine Situation überblicken und wirkungsvoll beeinflussen. Beide kämpften um die Absicherung ihres Lebensunterhaltes. Für die meisten der Arzneimittelproduzenten stand sowieso der Gewinn an erster Stelle. Die einen wie die anderen wollten an dem nach Heilung und entsprechenden Arzneien suchenden Kranken verdienen. Die Auseinandersetzungen zwischen den Herstellern nahmen ab jener Zeit zu, da durch die gesellschaftliche Entwicklung alle einen gemeinsamen Kundenkreis anvisierten.

Trotzdem möchte ich bei der Einschätzung der Beziehungen zwischen Apothekern und Laboranten nicht generell von einem schlechten Verhältnis ausgehen. Einige der später als Apotheker tätigen Personen gingen aus Laborantenfamilien hervor, und es gab auch Apotheker, die zum Arzneilaborantenwesen wechselten, je nachdem, wie sich die Absatzbedingungen gestalteten. Solange man sich familiär gut verstand, kam es zu keinem Streit um Befugnisse und letztendlich um Kunden.

Melzer erwähnte in seiner Chronik für Schneeberg bereits um 1680 ein kurzzeitiges Nebeneinanderbestehen von vier Apotheken.

Im 18. Jahrhundert wurden für Eibenstock öfters zwei Apotheken angegeben (A 3).

Kämpfe um Marktanteile blieben nicht aus. Um die Verkaufsbefugnisse für einzelne Waren zwischen Apothekern, Arzneilaboranten und Händlern zu regeln, kam es zu Vergleichen.

»Diese Abgrenzung der Zuständigkeit im Handel mit Arzneiwaren wurde zu verschiedenen Zeiten verschieden gehandhabt. Sie war augenscheinlich abhängig von der Bedeutung in dem jeweiligen Arzneimittelschatz, von dem Handelswert und der Seltenheit ...

Die Apotheker legten in Eingaben an den Landesherren fest, welche Waren den Händlern verboten werden sollten, und wurden in ihren Bestrebungen bei der Erteilung der Privilegien unterstützt« (39).

Vom Inhalt eines solchen Privilegs aus dem Jahre 1767 berichtete Güntzel in seinem Aufsatz zur Geschichte der Apotheken zu Schneeberg. Das Privileg galt für zwei Apotheken, und zwar für die von Christian Friedrich Tschuck und die von Johann Christian Zimmermann. Es sicherte beiden Apothekern und deren Nachkommen bis auf die Zeit der Jahrmärkte das alleinige Recht zu, Konfektspezialitäten (z. B. »Magenmorschellen« oder »Herzstärker«), Spiritus, Elixire, Öle, Tinkturen u. ä. zu fertigen. Außerhalb der Jahrmarktszeit war es niemandem erlaubt, Reiseapotheken und Reisekästlein, »Aquas Vitae compositas« und einige Arten Gewürzbranntwein zu verkaufen. »Ferner den Thiriacks-Krämern, Quacksalbern, Zahnbrechern, Salben-Krämern, und andren Landfahrern, wie für Nahmen haben mögen, außerhalb der Jahr-Märckte, feil zu haben, noch sich in der Stadt aufzuhalten, ernstlich und bey ebenmäßiger obgesagter Straffe hiermit verbothen seyn. Es sollen auch keine Wurzel-Krämer und alte Weiber, ... , abgedrucknete Kräuter, Saamen und Wurzeln, so man in den Apotheken zu führen und gebrauchen pfleget, als nehmlich Angelicam, Raponticum, Beer-Wurzel, Zehr- und Nieß-Wurzel, Bertram, item Hirsch-Zungen, Milz-Kraut, Sadenbaum und andern dergleichen Sachen, wie die Nahmen haben mögen, feil haben, damit den Apothekern ihre Wurzeln und Kräuter nicht verderben, und zu Schaden liegen bleiben, worunter doch nicht zu verstehen, grüne Wurzeln und andere Garten-Kräuter und Besäme, so in Wochen-Märckten , ... nochmahls feilgehalten werden mögen.

Desgleichen soll auch keiner, dem es nicht zukömmt, sich unterfangen, allerhand Medicamenta und Arzneyen, außer den Apothekern, zu componiren und zu verkaufen« (40, S. 24).

Weiter wurde nochmal eindringlich darauf verwiesen, daß es Barbierern, Badern und Wundärzten nicht erlaubt ist, Mittel für den innerlichen Gebrauch an Patienten zu verabreichen. Diese Berechtigung hatten damals nur Leibärzte.

Man verwies auf den Vergleich zwischen Apothekern und Kramern vom 6. Juli 1666: »Ueber dieß soll weder den Kramern noch sonst jemanden, die gemeinen Magen-Morschellen, oder sogenannte Herz-Stärcke, gebacken Süß-Holz, allerhand Pillulen und dergleichen, so denen Apotheckern zukömmt, zu führen verstattet, sondern hiermit gänzlich verboten seyn. Die Barbierer aber, wie auch Bader und Waßer-Brenner, Mannes- oder Weibes-Personen, und anderer dergleichen Leute, sollen weder Aquas compositas, noch simplices zu feilen Kauf destilliren; Ingleichen Wermuth, Cardui benedicti und andere Sachen nicht praepariren, und solche weder heimlich noch öffentlich verkaufen ...« (40, S. 25).

Dieses Privileg schützte in hohem Maße die Interessen der Apotheker gegenüber in- und ausländischen Arzneihändlern.

Schon im Jahre 1698 erteilte die Landesregierung drei Schneeberger Apothekern, nämlich Salomon Pichtler, Johann Otto Dobermann und Friedrich Schulz, ein umfangreiches Privileg mit teilweise wortwörtlich gleichem Inhalt.

Warum entschied sich nun die Landesregierung dafür, den Apothekern derartige Freiräume zu schaffen? Einen Grund sehe ich in der gründlichen Ausbildung, die Apotheker absolvierten.

Bereits im 16. Jahrhundert mußten angehende Apotheker vor einem Ausschuß von Ärzten nachweisen, daß sie für diesen Beruf ausreichende Kenntnisse der lateinischen Sprache besaßen. Die Wormser Apothekenordnung von 1582 schrieb vor, daß Lehrlinge bis zur Vollendung des zweiten Lehrjahres nicht oder nur unter Aufsicht des Apothekers oder eines erfahrenen Apothekergesellen, selbst Rezepte zubereiten durften. Die durchschnittliche Dauer der Lehrzeit eines Apothekergesellen betrug sechs Jahre (vgl. 23, S. 75).

Das Mandat vom 13. Sept. 1768 schrieb vor, daß jeder Apotheker in einer privilegierten Apotheke gelernt haben sollte. Nach fünf Jahren Gesellenzeit konnte er an einer Universität oder vor dem Sanitätskollegium ein Examen ablegen. Erst dann erhielt er ein Testimonium.

Einen weiteren Grund, warum die Landesregierung die Entwicklung der Apotheken und nicht die der Laboranten förderte, sehe ich in der besseren Kontrollierbarkeit der Apotheker. Sie waren zahlenmäßig überschaubar, hatten ihren festen Verkaufsraum in den Städten, und ihre Waren wurden nicht durch Hausierer oder Herumträger verbreitet. Alljährlich im August sollte von den Land-, Amts- oder Stadtphysiki die Apotheke visitiert werden (A 5).

Bevor die Landesregierung 1698 drei Schneeberger Apotheken ein Privileg zusprach, forderte sie vom Schneeberger Rat und vom Kreisamt Schwarzenberg einen ausführlichen Bericht über die Tätigkeit der betreffenden Apotheker an.

Nimmt man das zitierte Schneeberger Beispiel aus dem Jahre 1767, so besaß der Besitzer der Adler-Apotheke, Dr. Zimmermann, einen überaus guten Ruf als Arzt und Anerkennung als Ratsmitglied der Stadt Schneeberg. Sicherlich ließ sich die Regierung bei ihrer Entscheidung von den positiven persönlichen Qualitäten des Antragstellers leiten.

Die Zunahme solcher mit weitreichenden Privilegien ausgestatteten Apotheken in den Städten schnürte die Aktivitäten der Arzneilaboranten natürlich beträchtlich ein.

Doch wie schon am Anfang dargestellt, dem überwiegenden Teil der Apotheker ging es im Kampf gegen die Laboranten um die Erhöhung des Umsatzes und weniger um die Hebung der Volksgesundheit. Sobald sich eine neue Apotheke etablieren wollte, versuchte der alteingesessene Apotheker, diese genauso zu verdrängen und auszuschalten wie vorher die Laboranten. Aber das ist Apothekengeschichte, die hier nicht besprochen werden kann.

Den Laboranten machte man zum Vorwurf, daß sie oft bedenkenlos drastisch wirkende Substanzen in zu hoher Konzentration für die Herstellung ihrer Arzneien benutzten. Noch am 3. Mai 1840 wurden das Kreisamt Schwarzenberg und der für den Medizinalbezirk zuständige Arzt Dr. Zeune aufgrund von Revisionsprotokollen über Laboranten angewiesen, »die Bereitung und den Verkauf aller mit Quecksilber, Mohnsaft und drastischen Arzneisubstanzen zusammengesetzten Medikamente der Arznei-Laboranten ... zu untersagen und die so bereiteten Präparate zu konfiszieren und zu vernichten; ...« (9, S. 39).

Nach dem Mandat vom 23. Sept. 1823 wurde die Vergabe von Konzessionen an Hersteller von Arzneiwaren spürbar verringert.

In einem der letzten Bittgesuche schilderte Friedrich Hermann Meichsner die Situation aus der Sicht eines Laborantensohnes:

»Schon seit sehr langen Jahren ist mein Vater, Jac. Friedr. Meichsner allhier als Medicin-Laborant allergnädigts concessioniert, und hat die dem gedachten Geschäfte frei gegebenen Artikel in vollkommener Güte, mit Genauigkeit und ohne irgend einen Anstoß in polizeilicher Hinsicht gefertigt. Der sehr natürliche Wunsch eines jeden Familien Vaters, das Geschäft, welchen er selbst seine Thätigkeit gewidmet und den er die Mittel zu Erhaltung der Seinigen verdankt, auch in Zukunft unter der Leitung eines Abkömmlings fortbestehen zu wissen, bewog meinen Vater zu dem Entschluß, mich zum Fortbetrieb seines Geschäfts zu bestimmen.«

Er erläutert nun seinen Ausbildungsweg (siehe Abschnitt zur Ausbildung) und erklärt seine Bereitschaft, die gesetzliche Prüfung zu absolvieren.

»Zwar ist mir wohlbekannt, daß von den höchsten Behörden nur in seltenen Fällen eine neue Medizin ›Laboranten‹ Concession ertheilt wird, allein nach meinen unterthänigsten Dafürhalten vereinigen sich hier alle Umstände, um mein ererbietigstes Gesuch zu empfehlen.« Nachdem er angab, wie lange seine Familie mit diesem Gewerbe verwurzelt war, charakterisierte er die äußeren Bedingungen.

»Ueberdem verdient es wohl Hohe Berücksichtigung, daß in hiesiger Stadt sowohl, als der Umgegend eine Menge Familien, lediglich von dem Erwerb lebt, welcher den Familienvätern aus dem Vertrieb der Medizinal Waaren zufließt, daß aber, wie man voraussehen kann, die Officinen der jetzigen Laboranten in hiesiger Gegend bald verwaist sein werden. Im nahe gelegenen Bockau ist ein Laborant verstorben, während ein anderer sein Geschäft aufgegeben hat, in hiesiger Stadt sind außer meinem Vater nur noch 3 Laboranten, von denen nur ein einziger, Gnüchtel, jung ist, während die beiden übrigen, Großmann u. Lenk, welcher letztere überdieß concessionierter Apotheker ist, Beide schon ziemlich vorgerückt in Jahren, ohne männliche Erben sind.

Endlich werden meine Aeltern, welche sich in der Lage befinden, dieß realisieren zu können, für ein passendes Local bedacht sein ...

Eib., am 21. Okt. 1833
Friedrich Hermann Meichsner« (A 3).

Trotz eines positiven Gutachtens des zuständigen Amtsphysikus Dr. Zeune wird der Antrag abgelehnt. Auch nach einer wiederholten eindringlichen Bittschrift mit einem neuen befürwortenden Gutachten von Dr. Zeune und dem Justizbeamten Herold wurde Meichsner aufgrund seiner Jugend und »wegen leichten Berufswechsels« am 20. März 1834 abgewiesen.

Das Zitat ist ein Beweis, wie ernsthaft man versuchte, die Anzahl der Arzneilaboranten nicht zu erhöhen. Es spiegelt auch wider, daß die Laboranten sich selbst ihrer Situation bewußt wurden. Meichsner erhielt im Jahre 1836 die Möglichkeit, eine Gastwirtschaft zu führen. Erst 1844 nach dem Tod des Apothekers Lenk und des Laboranten Gnüchtel soll er (nach Sieber) doch noch einmal die Herstellung von Arzneiwaren wieder aufgenommen haben.

Am 16. August 1833 berichtete W. Adolf Herold vom Justizamt Eibenstock an die Landesdirektion, »daß Carl Traugott Wagner i. Johanngeorgenstadt der hier seinen Handel mit Arznei Waaren hat, diese von den Laboranten Fürchtegott Leberecht Herrmann, Traugott Heinrich Friedr. u. den Gebr. Voigt zu Bockau bisher entnahm, jetzt aber da die Brüder Voigt mit dem Tode abgegangen sind u. Laborant Herrmann einen Gasthof gekauft hat u. er (Wagner) von den einzigen Laboranten (Friedrich) in Bockau nicht kaufen mag, er fürchtet Ueberteuerung, die Arzneiwaaren nunmehr i. Eib. bei den 4 Laboranten Jacob Friedrich Meichsner, Ernst Wilhelm Lenk, Traug. Ludwig Großmann u. Eduard Gnüchtel entnehmen möchte« (A 3).

Um 1833 gibt es also nur noch ganz wenige ursprüngliche Laborantengeschäfte. Wie wir aus den beiden Berichten erfahren, arbeiteten als »reine« Laboranten nur noch Jacob Friedrich Meichsner, Traugott Ludwig Großmann und Eduard Gnüchtel. Aus dem Schreiben von Meichsner jun. wissen wir zudem, daß sein Vater schon sehr alt und krank war und bald gezwungen sein würde, das Geschäft aufzugeben. Eduard Gnüchtel bekam ebenfalls nur aufgrund seines schlechten Gesundheitszustandes die Konzession bis zu seinem Lebensende.

Auch für die Landreisenden wurde es immer schwieriger, eine Konzession zu erlangen.

1830 werden im Zusammenhang mit ihrem Konzessionsgesuch die Umstände der beiden Landreisenden Karl August Krauß und Karl Friedrich Weck von Sosa geschildert.

Beide beschäftigten sich vom Jahr 1816 bis zum Jahr 1823 mit Arzneihandel. »Danach aber haben sie mit kurzen Waren, Schnupftabakdosen, Siegel- und Mundlack namentlich in Preußen und Rußland Handel getrieben« (A 3).

Diesen Handel gaben sie aufgrund der hohen Eingangszölle und anderer Abgaben wieder auf. Der Reiseaufwand stand für sie in keinem Verhältnis mehr zum Gewinn, und trotz äußerster Sparsamkeit reichte das Geld weder für sie selbst noch für den Erhalt der Familie. Am Ende des Briefes baten beide um eine Konzession zum Handel von Arzneiwaren, die der konzessionierte Laborant Voigt aus Bockau »verfertigte«. Krauß war 38 Jahre alt. Er besaß ein Haus und hatte in seiner Jugendzeit als Bergmann gearbeitet, jedoch sah er keine Möglichkeit diese Tätigkeit wieder auszuüben, da viele Bergleute ohne Arbeit waren. Weck war 36 Jahre alt und besaß ebenfalls ein Haus. Er hatte den Beruf des Müllers erlernt, aber später nie eine Anstellung bei einem Mühlenbesitzer erhalten.

Das Kreisamt Schwarzenberg lehnte das Konzessionsgesuch der beiden ab (vgl. A 3).

Die Antwort, die ein Vertreter des Ministeriums des Innern auf ein inhaltlich ähnliches Konzessionsgesuch der landreisenden Gebrüder Koch den zuständigen Behörden übermittelte, liest sich fast wie ein Schlußwort:

»1. August 1833: Der Arzneihandel der dazu konzessionierten Einwohner gewisser gebirgischer Ämter ist ein großer medizinalpolizeilicher Übelstand auf dessen allmähligen Abstellung neuerlich umso mehr Bedacht zu nehmen ist, da nach dem Anführen der Landesdirektion in ihrem unterm 15./28. Juli dieses Jahres erstatteten Vortrag diesen Arzneihändlern in den anliegenden größeren Staaten der Betrieb ihres Geschäftes nicht mehr gestattet wird und sie daher fast ganz auf den, in vielfacher Hinsicht schädlichen, Vertrieb im Inlande beschränkt sind.

Das Ministerium des Innern läßt es daher bei Rückgabe eines Originalberichts nicht nur bei der, von der Landesdirektion den Brüdern Koch zu Hundshübel auf ihr Konzessionsgesuch wiederholt erteilten abfälligen Bescheidungen bewenden, wovon sie gedachte Behörde in Kenntnis setzen zu lassen hat, sondern will auf deren Gutachten darüber vernehmen, welche Einleitungen zu treffen sein möchten, um diesen Arzneihandel, wenn auch nicht auf einmal und mit Schonung für die dabei Beteiligten, aber doch mit sicheren und nicht zu entfernten Erfolge ein völliges Ende zu machen« (A 3).

Es deuten sich an den Beispielen des Laboranten Lenk, der ein Apothekergeschäft übernahm, und der Laboranten Herrmann und Meichsner, die je eine Gastwirtschaft erwarben und betrieben, schon zwei mögliche Richtungen des weiteren Fortbestandes der selbständigen Erwerbstätigkeit an.

Übrigens ist es nicht uninteressant zu wissen, daß auch Apotheker in Zeiten starker Konkurrenz nebenbei Schnapsausschank betrieben.

Köhler, der den Begriff des Laboranten sicherlich in einem erweiterten Sinn (einschließlich der Produzenten von kosmetischen Artikeln oder technischen Ölen) auffaßte, zählte in Bockau 1833 dreizehn, 1835 zwölf und 1837 immerhin noch zehn konzessionierte Laboranten. Darunter befanden sich 1837 Christian Traugott Schulze (Ortsrichter), Traugott Heinrich Friedrich (Kauf- und Handelsmann), Fürchtegott Leberecht Herrmann, Gotthold Friedrich Wilhelm Zeeh, Christian Gottlob Lorenz, Justus Wilhelm Lang, Carl August Engelhardt, Christian Gottlieb Neubert, Carl Gotthold Brückner und Christian Gottlob Brückner.

In Bockau starb 1860 der letzte konzessionierte Arzneilaborant Carl Gotthold Brückner. Der letzte Eibenstocker Laborant Traugott Ludwig Grossmann starb am 16. Januar 1865 im Alter von 76 Jahren (vgl. 9, S. 42).

Einige Laboranten nahmen von der Arzneimittelherstellung Abstand und produzierten zunehmend Öle zu technischen oder kosmetischen Zwecken. Nebenher durften bei gesonderter Konzession einige Spezialitäten, wie z. B. Schnupftabak, weiter gefertigt werden, ohne daß es zu Auseinandersetzungen mit Apothekern kam.

Die Bockauer Laboranten Carl Friedrich Baumgarten, Emanuel August Zeeh und Carl Friedrich Friedrich bemühten sich im Jahre 1825 um eine Konzession zur Fertigung von Vitriolöl und anderen chemischen Produkten, wie Färbe- und Beizmittel, Malerfarben. Im Jahre 1828 wurde das Gesuch genehmigt (vgl. 9, S. 51).

Ein ebenfalls lohnendes Betätigungsfeld war die Herstellung von Likören und Branntweinen, meist verbunden mit der Einrichtung einer Gastwirtschaft oder Schankstube.

Trotz wechselvoller Geschichte haben sich bis heute solche aus ehemaligen Laborantengeschäften hervorgegangene Likörfabriken erhalten.

Es gab für den Rückgang des Arzneilaborantengewerbes, neben den zahlreichen Verboten für den Arzneihandel im In- und Ausland und der zunehmend besseren Versorgung der Bevölkerung mit Apotheken und Ärzten, noch mehrere Gründe.

Im 19. Jahrhundert vollzog sich nach Peickert, ein allmählicher Geschmackswandel der Konsumenten von den Olitäten zu den chemischen Arzneimitteln hin.

Die Verminderung der Anzahl der Landreisenden sieht er darin begründet:

»Daß die Zahl der Balsamträger so schnell zurück ging, ist neben Hausierverboten auf die verbesserten Verkehrsverhältnisse zurück zuführen, die dem Produzenten bei verminderter Agentenzahl einen rascheren Warenumschlag ermöglichten« (5, S. 64).

Die industrielle Entwicklung des 19. Jahrhunderts schuf die Möglichkeit, wenn auch nur unzureichend, in anderen Bereichen einen Arbeitsplatz zu finden.

»Mitte des 19. Jahrhunderts erlebte die Stickerei-Industrie von Eibenstock einen solchen Aufschwung, daß Kräutersammeln und Medizinhandel auch von dieser Seite her an Arbeitskräften verloren. In Eibenstock, Sosa, Hundshübel und anderen alten Arzneiorten wurden Männer, Frauen, Mädchen in Fabriken und als Heimarbeiterinnen so gut beschäftigt, daß der unsichere Hausierhandel nahezu erlosch« (8, S. 80).

Vergleicht man die Aussage Siebers mit den Schilderungen, die es von verschiedenen Seiten über das Elend der Heimarbeiterfamilien im Erzgebirge gibt, bleiben einige Fragen offen. Vielleicht war der Wechsel zur Heimarbeit ja doch aufgrund der strengen Gesetze mehr unfreiwillig erfolgt. Oder die Gefahren und Strapazen der einzelnen Landreisenden, die hohen Einfuhrzölle, Gebühren für Bescheinigungen aller Art u. v. m. standen wirklich in keinem Verhältnis mehr zum Nutzen.

Aber es vollzog sich noch eine andere Entwicklung.

Die Konzessionsscheine zum Handel im Umherziehen haben sich nach Absterben der letzten offiziellen, konzessionierten Laboranten inhaltlich gewandelt. Trotzdem wurde weiter produziert und verkauft.

Christian Gotthold Kieß, ein Vorfahre des Bockauer Ortschronisten Gerhard Leichsenring, besaß für das Jahr 1868 einen Erlaubnisschein zum Hausierhandel mit Olitäten und Parfümerien. Das Rezeptbuch, welches sich heute im Familienbesitz befindet, enthält aber einige typische Produkte der Arzneilaboranten. Es ist handgeschrieben und wurde mehrfach mit Zusätzen versehen. Das wäre nicht geschehen, wenn man die Mittel nicht noch hergestellt und neben den genehmigten Waren vertrieben hätte. Auch andere Bockauer Einwohner könnten sicher weitere Beispiele und sogar Episoden über eigene Hausmittel hinzufügen.

Verstreut tauchten auch in späteren Jahren hier und da noch Arzneihändler auf, aber als Nahrungszweig eines Teils unseres Erzgebirges war das Gewerbe erloschen. Die heutigen Nachfahren der erzgebirgischen Laboranten arbeiten die Geschichte auf und suchen voller Hochachtung für die Leistung ihrer Vorfahren nach zeitgemäßen Verwertungsmöglichkeiten dieses Erfahrungsschatzes.

63 Codex Augustus. Die aufgeschlagene Seite des dritten Bandes gibt einen Blick frei auf das »Generale, wegen Remedirung derer Gebrechen im Medicinal-Wesen; d. d. 29. Juli 1750«. Sammlung: Götz Altmann; Schwarzenberg

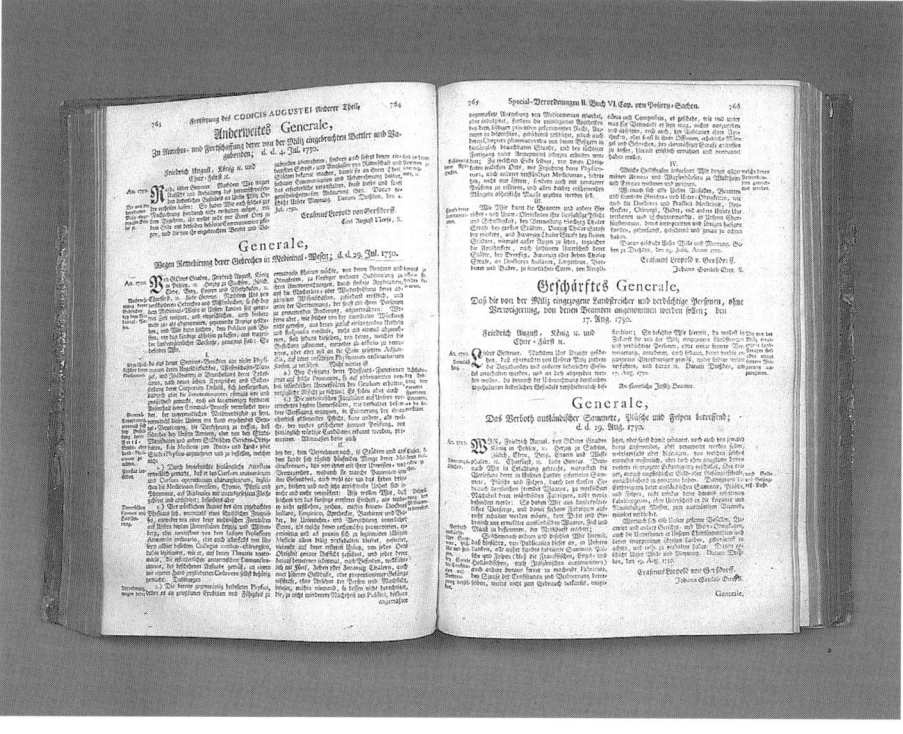

64a, b, c Erläuterungen zum Mandat vom 15. September 1750. Mit handschriftlichen Bemerkungen zum Datum des Verlesens und Publizierens versehen.

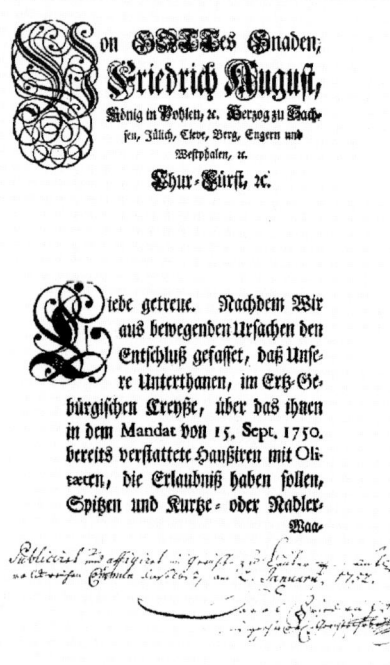

Von GOTTes Gnaden, Friedrich August, König in Pohlen, ꝛc. Herzog zu Sachsen, Jülich, Clewe, Berg, Engern und Westphalen, ꝛc. Chur-Fürst, ꝛc.

Liebe getreue. Nachdem Wir aus bewegenden Ursachen den Entschluß gefasset, daß Unsere Unterthanen, im Ertz-Gebürgischen Creyße, über das ihnen in dem Mandat von 15. Sept. 1750. bereits verstattete Haußiren mit Oliтæꝛn, die Erlaubniß haben sollen, Spitzen und Kurtze- oder Nabler-Waa-

Waaren, gegen Production eines Attestats, von ihrer Obrigkeit, daß die Herumträger Unsere Unterthanen, und die von ihnen führende Waaren in Unsern Landen gefertiget sind, zum feilen Verkauff herum zu tragen; So haben Wir diese Unsere Willens-Meynung hierdurch zu jedermanns Wissenschafft bringen zu lassen, der Nothdurfft befunden: Und wie es außer dem bey angezogenen wieder das Haußiren emanirten Mandat, sein unverändertes Bewenden hat; Also wollen Wir hingegen die Victualien unter diejenigen Waaren, mit welchen zu Haußiren verbothen bleibet, keines weges gerechnet wissen. Es ergehet demnach an Unsere sämtliche Vasallen und Beambten, wie auch an alle Gerichts- und Unter-Obrig-

Obrigkeiten und Unterthanen, in Unserm Chur-Fürstenthum und denen incorporirten auch übrigen hiesigen Landen, hiermit Unser ernster Befehl, sich darnach gehorsamst zu achten. Daran vollbringen sie Unsern Willen und Meynung. Datum Dreßden, den 28. Junii, Anno 1751.

Erasmus Leopold von Gersdorff,

Carl August Reefe, S.

Verpflichtungsformular eines Arzneilaboranten

Ich N. N. soll versprechen und geloben

daß ich mich der Fertigung oder des Verkaufs der mir nicht ausdrücklich erlaubten Arzneimittel gänzlich enthalten, die mir zu fertigen erlaubten aber nicht nur auf das genaueste, nach Vorschrift der diesfalls von der Behörde geprüften und genehmigten Dispensatorien und Recepte, bereiten, sondern auch dabei überhaupt, wie bei Erlangung roher Arzneiwaaren, stets den möglichen Fleiß und Sorgfalt anwenden, verdorbene oder auch sonst auf irgend eine Weise unwirksame Arzneien, niemals unter keinerlei Vorwand verkaufen lassen, überhaupt aber das mir erlaubte Gewerbe stets mit strengster Gewissenhaftigkeit und sorgfältiger Rücksicht auf Abwendung jeder für Jemandes Leben und Gesundheit daher möglichen Gefahr betreiben, und dabei die Vorschrift des Mandats vom 30sten September 1823, so wie aller ähnlichen jetzigen und künftigen Medicinalgesetze, ingleichen die amtlichen Anordnungen des mir in Betreff meines Gewerbes vorgesetzten Physicus und der höhern Medicinalbehörde, in allen Punkten auf das Genaueste befolgen will.

Eid

Alles, was mir jetzt in verschiedenen Punkten vorgelesen, auch von mir wohl verstanden worden ist, das will ich stets fest und unverbrüchlich, auch getreulich und ohne Gefährde halten; so wahr mir Gott helfe und sein heiliges Wort durch Jesum Christum, seinen Sohn, unsern Herrn!

Ausgegeben zu Dresden, am 20sten October 1823

65 Eid der Laboranten. Mandat, den Verkauf von Arzneiwaren betreffend, vom 30. September 1823.
Aus: Neue Sammlung Sächsischer Medicinal-Gesetze. Leipzig 1834.
Ratsschulbibliothek Zwickau

66 Der Apotheker.
»Ich hab in meiner Apoteckn Viel Matery die lieblich schmeckn/ Zucker mit Würtzen ich conficier Mach auch Purgatzen und Clistier/ Auch zu stercken den krancken schwachn Kan ich mancherley Labung machen/ Das alles nach der Artzte raht Der seinen Brunn gesehen hat.«
Holzschnitt von Jost Amman, 1568.

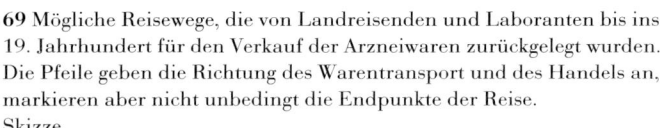

67 Der Quacksalber. In einer Art Parodie auf die ihr Unwesen treiben-
den Medikaster schildert Ludwig Richter diese Szene. Holzschnitt von
Ludwig Richter, um 1850.
Sammlung: Götz Altmann, Schwarzenberg

68 Vergoldeter silberner Kelch und Teller für die Darreichung des
Abendmahls. Am 25. Dez. 1728 verehrte Christian Leichsenring,
Einwohner von Bockau und privilegierter Arzneihändler gemeinsam
mit seiner Frau diese Gegenstände der Ortskirche.
Pfarrarchiv Bockau

69 Mögliche Reisewege, die von Landreisenden und Laboranten bis ins
19. Jahrhundert für den Verkauf der Arzneiwaren zurückgelegt wurden.
Die Pfeile geben die Richtung des Warentransport und des Handels an,
markieren aber nicht unbedingt die Endpunkte der Reise.
Skizze.

70 Traugott Heinrich Friedrich (1779–1848).
Das Gemälde befindet sich im Büro des derzeitigen Inhabers der
Firma.
Sammlung: Karl-Heinz Schwotzer, Bockau

71 Traugott Ludwig Großmann (1789–1865) – letzter konzessionierter
Laborant von Eibenstock.
Gemälde.
Museum Heimatschau Eibenstock

72a, b Zeichen, welche u. a. von den Bockauer
Laboranten zur Kennzeichnung ihrer Waren
benutzt wurden.

73 Pfarrer M. George Körner (1717–1772).
Gemälde.
Pfarrarchiv Bockau

74 Titelblatt zum Druck der Predigt, die der
Bockauer Pfarrer, George Körner, zu Ostern
1753 zum Thema »Die Christenpflichten der
Reisenden« vor seiner Gemeinde gehalten hat.
Gedruckt bei Carl Wilhelm Fulde, Schneeberg.
Pfarrarchiv Bockau

Die
Christenpflichten der Reisenden,
so
am andern heiligen Ostertag,
in einer
Predigt
über das ordentliche Evangelium
Luc. 24, v. 13=35
in der Kirchen zu Bockau,
beym Schneeberg
abgehandelt,
Und auf Begehren einiger seiner geliebten Zuhörer,
wie auch zum Gebrauch derer damals
abwesenden Reisenden,
dem Druck übergeben worden
von
George Körner,
Past. Bockau.

Schneeberg,
bey Carl Wilhelm Fulde.

75 Hausierer, Handelsleute aus dem Erzgebirge. Auch diese Form des Transports der Waren
in Kästen, wie sie von vielen kleinen Händlern
bzw. Hausierern genutzt wurde, eignete sich
für die mit Arzneiwaren herumziehenden
Landreisenden.
Aus: Sächsische Volkstrachten und Bauern-
häuser. Dresden 1896.

Za łaska i błogosławieństwiem Boskim!
Podaie ci się / łaskawy Czytelniku/ na tey karcie
Obßerna Informacya
O prawdziwym skutku i używaniu
Przezacnego
BALSAMU SULPHURIS,

Który to od Cesarza J. M. Rzymskiego / a Króla Czeskiego i Węgierskiego Jozefa I. znowu przywileiem tu dalßym czasom służącym udarzony / i owßem wolnościami Króla J. M. Polskiego / a oraz Elektora Saskiego / iako też obóigu teraz panuiących Kßiążąt / Land = Grabiow Haßyi / udarowany:

A zatem na Akademii Lipskiey od Facultatis Medicæ Doktorow / iako też i w miastach kßiążęcych służebnych Gotha i Kassel pilnie examinowany i approbowany, przedaie się w Szmalkaldzie, pod pieczętnem Szlachetnej Miasta tamecznego Rady;
u Jana Chrystofa i Jana Dawida Schmidtow / Bratow Rodzonych.

Kiedy naprzod ogołem, ż ten Balsam jest fabrekny, przeraźaiacey i zdrowey balsamowey własności.

77 Eine Seite aus dem Dispensatorium von Eduard Gnüchtel aus dem Jahre 1836. Die beiden Rezepte beziehen sich auf die Herstellung von »aqua apoplectica« oder Schlagwasser und »aqua .. thedenii«.
Museum Heimatschau Eibenstock

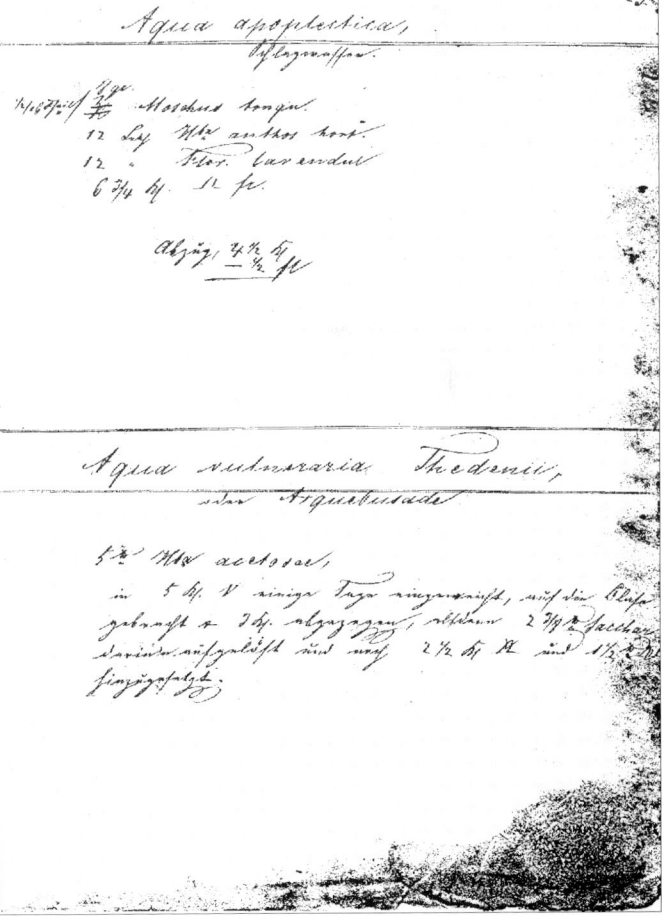

78 Tonflasche mit Korkverschluß. In solchen und ähnlichen Behältnissen wurden die flüssigen Produkte der Laboranten aufbewahrt und auch transportiert.
Museum Heimatschau Eibenstock

79 Blatt aus der Preisliste der Firma Albrecht Gnüchtel, Eibenstock.
Sammlung: Fam. Maixner, Eibenstock

80 Eine im Originalzustand erhaltene Flasche »Eibenstocker Magen-Bitter«.
Museum Heimatschau Eibenstock

81 Haus (Hauptstr. 12) von Traugott Heinrich Friedrich.
Pfarrarchiv Bockau

82 Rechnungsbogen aus dem Jahr 1932 mit glorifizierter Darstellung der Firma.
Sammlung: Karl-Heinz Schwotzer, Bockau

83 Auszug aus einer Werbeschrift der Firma Traugott Heinrich Friedrich.

Als heimisches Erzeugnis aus der Bockauer Angelikawurzel nimmt der „Echte Angelikadiktiner" der Firma **Traugott Heinr. Friedrich** eine besondere Stellung ein. Er ist in seiner Art ein Edellikör von ganz hervorragendem Geschmack und wird gleichzeitig geschätzt als magenstärkendes und belebendes Getränk. Auch von Damen wird dieser Likör gern getrunken.

Mein „Echter Angelikadiktiner" ist hervorgegangen aus dem echten Angelika-Likör, der von mir ebenfalls noch in bester Qualität hergestellt wird, als eine Überlieferung aus dem Jahrhunderte alten Bockauer Arznei-Laborantentum.

Auf Grund reicher Erfahrungen und dauerndes Verbessern, hat sich aus dem alten, überlieferten Originalrezept ein Likör herausgebildet, der von Kennern als Spitzenerzeugnis bezeichnet wird.

Die wachsende Beliebtheit und der steigende Umsatz gibt mir Veranlassung, meinen „Echten Angelikadiktiner" in einem erweiterten Kundenkreis bekanntzumachen.

Ich weise jedoch darauf hin, daß der „Echte Angelikadiktiner" nur allein **echt** hergestellt wird von der Firma

**Traugott Heinr. Friedrich
in Bockau i. E.**
Gegründet 1812

Deshalb prägen Sie sich den Namen ein:
„Echter Angelikadiktiner" muß von **Friedrich
in Bockau** sein!

Sie kurirt die Wassersucht und Geschwulsten, wenn nur die Viscera noch gesund sind. Man nimmt ein- zwei- dreimal des Tages einen Löffel voll davon.

Im Magenweh, Magenkrampf und allen krampfartigen spasmodischen Zuständen ist ihr keine Arzney zu vergleichen. Sie kurirt lahme und contracte Glieder. Man nimmt Morgens nd Abends einen Löffel voll davon, bis zur völligen Genesung.

Sie ist das vortrefflichste Mittel in allen schmerzhaften Umständen und Krankheiten, so von der goldenen Ader (Rückader) herkommen, wie die tägliche Erfahrung zur Genüg beweiset. Sie eröffnet das verstockte Geblüt der goldenen Ader, bringt den Weibspersonen b verhaltene Zeit, und wenn solche in Unordnung gerathen, so bringt sie selbige wieder in Ordnung. Man nimmt täglich ein- oder zweimal einen Löffel voll davon. Es ist noch kein kräftigeres Mittel in der Arzneywissenschaft bekannt geworden, welches die Mutter so wohl reiniget, als diese Lebensessenz. Sie ist daher das bewährteste Mittel gegen die Unfruchtbarkeit, täglich einen halben oder ganzen Löffel voll davon genommen. Exempla prostant.

Sie befördert die Nachgeburt, und so die Reinigung in's Stocken gerathen, bringt sie solch wieder in Gang. So etwas von der Nachgeburt zurückgeblieben, so führt sie es gewiß ab. Man gibt in diesen Fällen der Patientin zwei bis dreimal des Tags und ohne alle Gefahr einen guten Löffel voll in einem Glas Wasser. Sie kurirt den weißen Fluß der Weibspersonen wenn man täglich zweimal einen Löffel voll davon nimmt.

In Mutterweh und allen von der Mutter herkommenden Zuständen ist ihr die Vortrefflichkeit keine Arzney zu vergleichen. Wer damit behaftet ist sie so ein Löffel voll davon auch mehr, desgleichen Morgens und Abends einen, so wird man mit Verwunderung den erwünschten Effekt davon erfahren.

Sie heilt die Bleichsucht der Jungfrauen, alle Abende einen Löffel voll genommen.

Sie vertreibt die versteckten Winde, kurirt Rücken-, Lenden- und Nierenweh, führt Sand und Grieß ab, hilft in schwerem schmerzhaftem Harnen.

Sie kurirt den Samenfluß und bösartigen Tripper der Manns- und Weibspersonen, und mag selber so alt und eingewurzelt seyn, als er immer will, so wird er dennoch durch fleißigen Gebrauch dieser kostbaren Lebens-essenz gehoben. Man nimmt Morgens und Abends einen Löffel voll.

In Summa, diese herrliche Lebensessenz ist die vortrefflichste Arzney in den meisten hauptsächlich langwierigen Krankheiten, besonders ist sie der größte Schatz und Präservativ auf Reisen oder auf dem Lande, wo man nicht gleich Hülfe haben kann, da darf man mit, sobald man sich nicht wohl befindet, einen guten Löffel voll davon nehmen, und so es in etlichen Stunden nicht besser abermals einen, so wird's gewiß besser werden, wie die Unterrichtsbüchlein, so damit ausgegeben werden, das Mehrere belehren.

Auch ist diese Lebensessenz der allerherrlichste Wunderbalsam in allen äußerlichen Wunden, bösartigen, fistulösen Geschwüren; wer sie in dergleichen Fällen gebraucht, wird heilsame Wirkung verspüren.

Es befindet sich auf den ächten viereckigen Flaschen, auf der einen Seite der kaiserliche Adler, mit der Inschrift aufgelegt; die Inschrift aber in der Flasche auf der andern Seite eben so im Glas fabricirt, welches zugleich die Adresse Autoris ist, deren sich diejenigen, so diese Essenz von ihm selbst, oder in Kommission, verlangen, bedienen können.

Die ganze Flasche kostet 1 fl. 20 kr. und die halbe 40 kr.

Diese Lebensessenz ist in Augsburg nur allein ächt zu haben auf dem St. Ulrichsplatz Lit. B. Nr. 37.

Ist in Kommission zu haben

Lebens-Essenz
verfertiget in
Augsburg vom
J. G. Kiesow
Churbayr. Rath u.
Dr. Mit Roem. Kaiserl. Maj. allergnädigstem Privilegio exclusivo.

Augsburger
Lebens=Essenz

Reiner und unschädlicher Kräuterauszug.

Diese von altersher beliebte Essenz wird gegen Magenstörungen sowie bei Hämorrhoidalschmerzen angewendet. Sie führt leicht ab, regelt den Stuhlgang und ist in vielen Gegenden ein beliebtes Blutreinigungsmittel.

Bestandteile: Aloe 0,9 Cort. Frang. 0,75 Myrrh. 0.24 Rad. Cent. 0,24 Rad. Galang. 0,75 Rad. Valeriannae 0,05 Camphor 0,02 Spir. vini 20,0 Aqu dest. 22,0 Sirup. simpl. 4,5 Crem. tart. 0,600 Rad. Dictami. 0,400 Rad. Rhabarb. 0,150

Gebrauchsanweisung: Man nimmt täglich dreimal einen Teelöffel davon in Wasser oder auf Zucker, bei Hämorrhoidalleiden täglich früh nüchtern einen Teelöffel voll.

Diese von mir zubereiteten Hausmittel werden nach genannten Rezepten meiner Vorfahren mit größter Sorgfalt hergestellt.

A. Weidmann
Bockau i. Erzgeb.
Bahnhofstraße 10

---

84 Rückseite des Handzettels für die Augsburger Lebensessenz von J. G. Kiesow.

85a, b Für den Verkauf der Augsburger Lebensessenz verwendeten die Bockauer Hersteller Emil Kieß und A. Weidmann diese Art von Flaschenetiketten.

Augsburger Lebensessenz
verfertigt von
Emil Kieß, Bockau (Bezirk Zwickau).

Diese Essenz ist ein gutes Hausmittel für den verdorbenen Magen, Magenweh, Magenkrampf, Gelbsucht, Schwindel, Ohnmacht, Kopfweh, Engbrüstigkeit, verschleimte Brust, Halsschmerzen, Herzklopfen, Wassersucht und Geschwulsten. Man nimmt täglich einige Mal einen Teelöffel davon ein.

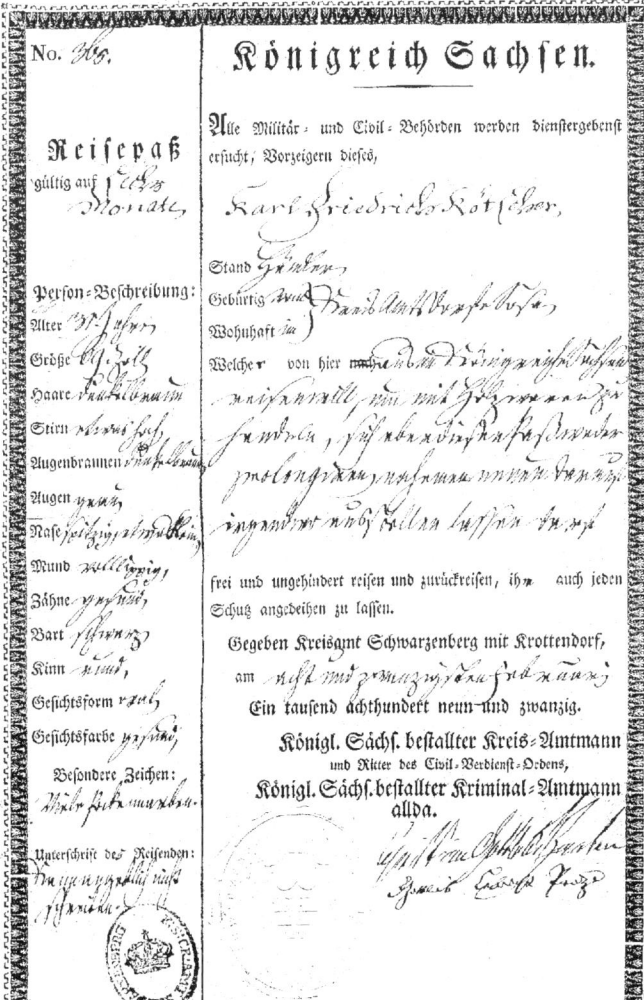

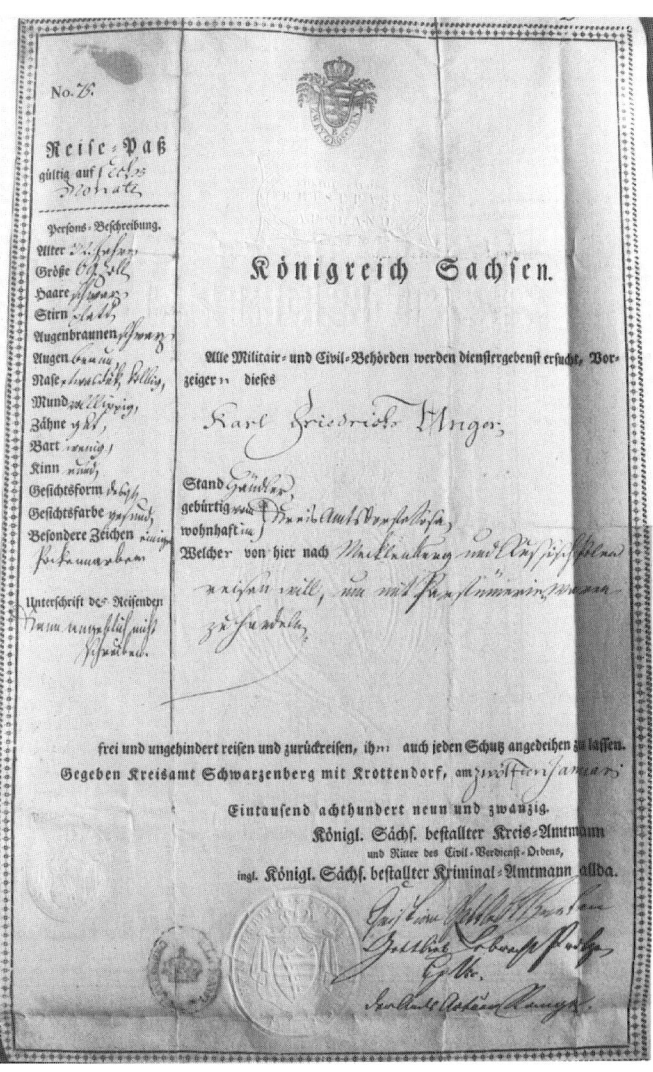

86a, b Reisepässe von 1829 für zwei Sosaer Landreisende. Karl Friedrich Kötscher hatte die Erlaubnis für den Verkauf von Holzwaren. Karl Friedrich Unger durfte mit Parfümeriewaren handeln. Bei einer Kontrolle wurden beide des »verbotswidrigen« Arzneiwaren-verkaufs überführt.
Stadt- und Verwaltungsarchiv Schneeberg

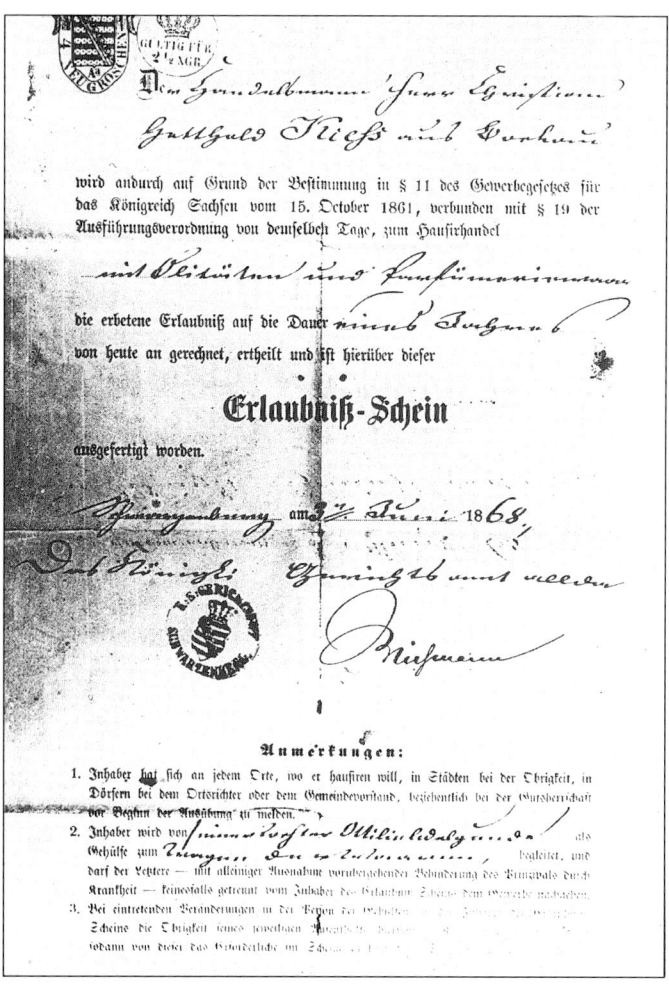

87 Erlaubnisschein für Christian Gotthold Kieß aus Bockau.
Wie auf dem Erlaubnisschein vermerkt, begleitete ihn auf der Reise
seine Tochter als Gehilfin.
Sammlung: Gerhard Leichsenring, Bockau

88 Reisepaß des Christian Gotthold Kieß aus Bockau. Christian
Gotthold Kieß wurde 1868 für die Dauer eines Jahres der Handel mit
Olitäten und Parfümeriewaren gestattet.
Sammlung: Gerhard Leichsenring, Bockau

89 Eine Auswahl von Etiketten bzw. Werbeaufschriften Bockauer Likörhersteller. Die Erfahrungen der Laboranten nutzend, bereiteten einige der Nachfahren zunehmend feine Liköre und Kräuterschnäpse.

90 Familie Fritz Hofmann, (um 1910), Fritz Hofmann, ein Thüringer, heiratete in eine Bockauer Familie ein. Neben der Herstellung von Spirituosen und Likören produzierte er auch nach wie vor einige typische Spezialitäten der Laboranten.

Aderlaß Entnahme von größeren Blutmengen aus den Venen durch Punktion oder Einschnitt in die Vene ... Im 2. Jt. v. Chr. bereits führten die Ägypter den Aderlaß aus. Von Griechen, Römern, Arabern und im Mittelalter (Schule von Salerno) bis hinein in die Gegenwart wurde der Aderlaß als Heilmaßnahme und zu diätetischen Zwecken angewandt. Die Aderlaßvorschriften mit Angabe der astrologisch günstigen Zeiten wurden im Mittelalter am »Aderlaßmännchen« bildlich dargestellt.

Apotheke [griech. >Lager<, >Speicher< (mit Bezug auf die ursprüngliche Funktion einer Apotheke als Vorratsraum für Heilkräuter, wie er in alten Klöstern zur Versorgung der Kranken angelegt war)]. Die ersten Apotheker stellten ihre Arzneien auf der Grundlage praktischer Kenntnisse und Erfahrungen her, ihre Tätigkeit wurde als Handwerk verstanden. Im 16. Jahrhundert kam es zur Lösung vom Handwerk. Bis zum Ende des 18. Jahrhunderts wurden in Deutschland für die Errichtung und den Betrieb von Apotheken fürstliche Privilegien erteilt. Im 19. Jahrhundert ging man zum Konzessionssystem über, das zu Beginn des 20. Jahrhunderts als nicht vererb- und veräußerbare Personalkonzession ausgestaltet wurde.

Archeus [zu griech. arche' >Anfang<, >Ursprung<], auch Archäus, wichtiger Begriff in der humanistischen Naturphilosophie bei Paracelsus, J. B. Van Helmont und anderen Philosophen; bezeichnet eine als schaffend und gestaltend vorgestellte >Naturkraft<, die, in den Samen konzentriert, Entstehung, Wachstum und Entwicklung jedes Dinges in der Natur bewirkt und es von innen her belebt. Der Archeus schafft dadurch auch die Signaturen. Ärztliche Heilung wurde hauptsächlich als Anregung des in seinem Wirken gehemmten Archeus aufgefaßt. Die Kraft wurde in ihrer jeweils individuellen Ausprägung bei den anorganischen Körpern als >Vulcanus< personalisiert vorgestellt.

Arznei volkstümlich Arzneimittel, Arzneizubereitung

Arzneibuch, Pharmakopöe amtliche Sammlung wissenschaftlich anerkannter Regeln über Bereitung, Qualität, Prüfung, Lagerung, Abgabe, Dosierung und Bezeichnung von Arzneimitteln. 1872 erschien die erste für Deutschland einheitliche >Pharmacopoea Germanica<.

Arzneimittel, Medikamente, Pharmaka Wirkstoffe, die zur Erkennung, Verhütung und Behandlung von Krankheiten oder als Ersatz von Körperflüssigkeiten oder körpereigenen Stoffen dienen. Ursprünglich wurden als Arzneimittel Naturstoffe pflanzlicher, tierischer oder mineralischer Herkunft verwendet. Seit dem 19. Jahrhundert kommen in zunehmenden Maße synthetische Arzneimittel hinzu und machen derzeit den größten Teil aller bekannten Arzneimittel aus.

Bader besorgten Behandlung von Geschwüren und Hautleiden. Die Bader, welche die Badstuben unter sich hatten, gaben sich auch mit der Haarpflege ab. Jedoch war ihnen nach den meisten Handwerksordnungen deutscher Städte das trockene »Scheren« nicht gestattet.

Barbiere besorgten das Rasieren und das Haarschneiden.

Bader und Barbiere übten die kleine Chirurgie und andere Arbeiten der Wundheilkunst aus, als da sind: Aderlassen, Schröpfen, Klistieren, Verbandanlegen bei Verletzungen, Wunden, Knochenbrüchen und Verrenkungen sowie die Heilung von Stich-, Hieb- Schußwunden u. ä.. Ihre Kunst erlernten sie während einer zwei bis vierjährigen Lehrzeit von ihren Meistern und wurden dann zu Gesellen ernannt. Zur selbständigen Ausübung der Wundheilkunst war von den Gesellen zuvor ein Meisterstück zu machen.

Balsam sirupartige, häufig wohlriechende Pflanzensekrete, die meist durch Verwunden, Anzapfen oder Anschwelen von Bäumen gewonnen werden. Balsame sind Lösungen von Harzen in ätherischen Ölen ... Man verwendet sie in der Parfümerie und in der Medizin. Nach Trocknen an der Luft oder Abdestillieren der flüchtigen Bestandteile (z. B. Terpentinöl) bleiben die Harze zurück.

balsamisch wohlriechend, lindernd, wohltuend.

Chirurgie [ci...; griech], Teilgebiet der Medizin, umfaßt die Lehre von der konservativen (unblutigen) oder operativen Behandlung von Krankheiten, Verletzungen und Körperfehlern durch mechan. oder instrumentelle Eingriffe am oder im lebenden menschlichen Körper. Im Mittelalter wurden die niederen chirurgischen Arbeiten wie Aderlaß, Zahnextraktion, Steinschnitt bei Blasensteinen, Starstich usw. von umherziehenden Chirurgen, Badern und Feldschern ausgeführt. Auch Schmiede, Henker und

Barbiere befaßten sich mit der Wundbehandlung. Im 18. Jahrhundert wurde die Chirurgie ein medizinisches Universitätsfach.

chymicus Chemiker, Chymiker, Chymist, (alchymist)

Codex ursprünglich der Stamm eines Baumes, dann der Block, Stock, Klotz, das Scheit und schließlich, weil in Rom ursprünglich auf hölzernen mit Wachs überzogenen Tafeln geschrieben wurde und dann auf von Holzbrettchen umschlossenem Beschreibstoff, die Urkunde, das Buch (im Gegensatz zur Rolle) oder das Gesetzbuch. Von daher werden einzelne Gesetzbücher als Codex ihres Urhebers bezeichnet.

Codex Augusteus Sächsische Gesetzessammlung auf Initiative von Friedrich August I. (1670–1733). Enthält u. a. gesetzliche Reglungen zu Justiz-, Kirchen-, Kriegs-, Medizin-, Münz-, Polizei-, Post- und Steuersachen sowie Berg-, Hammer-, Hütten-, Jagd-, Fischerei-, Forst-, Mühlen- und Weinbergsordnungen. Die Gesetzesaussagen die im Codex Augusteus Aufnahme fanden reichen bis in das Jahr 1482 zurück und enden im Jahr 1805. Der erste Band, bearbeitet von Johann Christian Lünig, erschien 1724 in Leipzig.

Destillation wichtiges Verfahren zur Trennung von Flüssigkeitsgemischen ... Die einfache Labordestillation wird meist diskontinuierlich durchgeführt. Dazu wird das Gemisch in einem Destillationskolben (Siedekolben) zum Sieden gebracht. Der Gemischdampf wird im Kühler kondensiert und als Kondensat (Destillat) aufgefangen.

Digerieren [lat. digere, digestum >auseinandertragen<, >zerteilen<, >verdauen<] Ausziehen (Herauslösen) löslicher Bestandteile aus eincm Stoffgemisch oder auch (getrocknetem) Pflanzenmaterial durch Übergießen mit einem geeignetem Lösungsmittel und anschließendes Dekantieren oder Abfiltrieren, wird ggf. mehrmals wiederholt.

Dispensatorium Arznei- und Apothekerbuch

Fliegenstein Teilweise übliche Handelsbezeichnung für Arsen. Dieses Metall kommt, obgleich unrein, im natürlichen Zustande als gediegen Arsen oder sogenannter Scherbenkobalt vor.

Heilpflanzen, Arzneipflanzen Pflanzen, die aufgrund ihres Gehaltes an Wirkstoffen ganz oder teilweise zu Heil-zwecken verwendet werden. Manche Heilpflanzen werden ganz, von anderen werden nur Teile verwendet, z. B. Kraut (Herba), Blätter (Folia), Rinde (Rhizoma), Blüten (Flores), Samen (Semen) und Frucht (Fructus) ... Zu den wichtigsten Wirkstoffklassen der Heilpflanzen gehören viele Alkaloide und Glykoside, ferner ätherische Öle, Gerb-, Schleim- und Bitterstoffe.

Konsignation [frz., von lat. consignatio > Dokument<]

Konzession Recht: allg. die Bewilligung, Erlaubnis. Im Verwaltungsrecht die Personen- und /oder sachbezogene behördliche Erlaubnis zum Betrieb eines nicht völlig erlaubnisfreien Gewerbes ...

Krummhübel, poln. Karpacz Stadt in der Woiwodschaft Jelenia Góra (Hirschberg i. Rsgb.), Polen, 550–880 m ü. M. im Riesengebirge am Fuß der Schneekoppe (1987). K. steht seit 1945 unter poln. Verwaltung und wurde 1959 Stadt.

Latwerge [zu griech. ekleikto'n >arznei, die man im Mund zergehen läßt<] Electuarium, brei- oder teigförmig zubereitetes Arzneimittel aus gepulverten Drogen und Gewürzen, die mit Honig und Wein vermischt wurden; mundartl. für Fruchtmus.

Lot Gewicht: altes dt. Massemaß, ursprünglich zu 1/32 Pfund, im Dt. Zollverein des 19. Jh. zu 1/30 Zollpfund = 16 2/3 g. Im Dt. Reich galt bis 1884 1 Neu L. = 10 g. Als Probier- und Münzgewicht war 1 L. = 1/16 Mark = 18 Grän.

Mandat [lat. >Auftrag<]

Materialist Rohstoffspezereihändler (z. B. Drogen und Gewürze), Händler mit Materialwaren, Kaufbudeninhaber.

Offizin [mlat. officina >Vorratsraum<, von lat. officina >Werkstatt<] Arbeitsraum in einer Apotheke; auch veraltet für Apotheke.

offizinal, offizinell als Arzneimittel anerkannt, im Dt. Arzneibuch verzeichnet, offizinelle Arzneimittel müssen in der Apotheke immer vorrätig sein.

Öle Sammelbegriff für flüssige, in Wasser nicht oder wenig lösliche organische Verbindungen, die meist dickflüssiger und schwerer flüchtig als Wasser sind. Die ätherischen Öle sind aus Pflanzen gewonnene, relativ flüchtige Gemische von Alkoholen, Estern, Ketonen, Kohlenwasserstoffen u. a. Verbindungen. Fette Öle sind Glycerinester, z. T. ungesättigte Fettsäuren pflanzl. oder tier. Herkunft.

Olität Bezeichnung für eine Form der Laborantenprodukte. Olitäten bestanden überwiegend aus pflanzlichen ätherischen Ölen, die mit fetten Ölen oder Alkohol gemischt und »gestreckt« wurden.

Oleum [lat. Olea >Öl<] Chemie: rauchende (konzentrierte) Schwefelsäure, die noch Schwefeltrioxid gelöst enthält.

pharmacopola Apotheker, (Salbenhändler, Salbenverkäufer)

Pharmakotherapie nennt man die Anwendung von Arzneimitteln sowie auch die wissenschaftliche Untersuchung ihrer Wirkungsweise auf den kranken Organismus.

Phiole bauchiges Glasgefäß mit langem Hals.

Physikus weil die Heilkunst in den Klosterschulen unter dem Namen »Physica« gelehrt wurde, nannte man im Mittelalter die Ärzte »Physici civatis«. Es liegt im Ausdruck »Physicus« nicht immer der Beweis für die amtliche Eigenschaft eines Arztes. Im Mittelalter hieß jeder studierte Arzt »Magister in physica« oder »Medicus«. Man nannte die Ärzte für die inneren Krankheiten Leibärzte, Bauchärzte oder auch nur Ärzte, während man die für äußere Leiden als Wundärzte oder als Schneidärzte bezeichnete.

Privileg allgem. Sonderrecht. Recht: von der allgemeinen Reglung (Gewohnheitsrecht, Gesetz) sich abhebende Sonderreglung von Rechtsverhältnissen zugunsten einer Person, Gruppe ... Im Mittelalter war das Recht der P.-Erteilung urspr. Befugnis der Herrscher bes. von Kaiser bzw. König und Papst. Schon bald wurde die Befugnis zur P.-Erteilung auf die Gesetzgebungsbefugnis zurückgeführt. Nur wer Gesetze erlassen durfte, konnte auch Ausnahmen davon zulassen.

Pulver [lat. pulvis >Staub<] Pharmazie: Pulvis, Arzneizubereitung aus festen, sehr fein zerkleinerten Inhaltsstoffen, die sich an der Luft nicht zersetzen und nicht durch Wasseraufnahme zerfließen. Pulver enthalten Wirksubstanzen und einen Füllstoff (z. B. Stärke) Pulver zur äußerlichen Anwendung nennt man Puder.

purgieren [lat. >abführen<]

Rauschgelb ein in der Natur vorkommendes arseniges Sulfid, besteht aus 60,95 Arsen und 39,05 Schwefel. In Arsenwerken wird es durch Zusammenschmelzen von sieben Teilen arseniger Säure und einem Teil Schwefel in eisernen Kesseln und Sublimation des Produkts gewonnen. Es kommt in gelben, selten durchscheinenden formlosen Stücken vor, ist leicht schmelzbar, flüchtig und dient als Farbe.

Salbe [ahd. salba, >Fett<] streichfähige Arzneimittelzubereitung zur lokalen Anwendung auf der Haut oder auf Schleimhäuten. Früher dienten ausschließlich tier. Fette oder pflanzliche Öle als Salbengrundlage; später kamen Paraffin und Vaseline hinzu.

Schröpfen örtliches Ansaugen von Blut in die Haut über erkrankten Organen unter Anwendung eines Schröpfkopfs (Glas- oder Gummiglocke mit abstufbarem Unterdruck). Schröpfen bewirkt ein lokales Durchtränken der Haut mit Blut (trockenes Schröpfen) zur Umstimmungstherapie, nach Anlagen feiner Hautschnitte auch zur Ableitung von Blut mit dem Effekt eines Aderlasses (blutiges Schröpfen).

Spezialität [lat.], Besonderheit, Liebhaberei, Feinschmeckergericht. Spezereien, Spezereiwaren, eigentlich soviel wie Gewürze.

Testimonium [lat.], im Rechtswesen Zeugnis.

Theriak [griech.], beliebtes Arzneimittel des Mittelalters in der Zubereitungsform einer Latwerge, vor allem gegen Vergiftungen und Seuchen (z. B. Pest). Es war auf komplizierte Weise aus über 60 (später über 80) Zutaten zusammengesetzt. Die Bestandteile waren in erster Linie getrocknete pflanzliche Drogen und Gewürze, darunter Meerzwiebel, Baldrian und Opium, ferner u. a. Schlangenfleisch und gebrannter »Chacanth« (Vitriol), der später durch Eisenoxid ersetzt wurde. Theriak war 1546 als offizielles Arzneimittel in dem »Dispensatorium pharmacopolarum« von Valerius Cordus verzeichnet.

Vitriole [v-: mlat. vitriolum, zu lat. vitrum >Glas<] von der Bezeichnung Vitriole leitet sich der alte Name Vitriol (Vitriolöl) für (rauchende) Schwefelsäure ab.

1   Beitl, Richard und Klaus Beitl: Wörterbuch der deutschen Volkskunde. 2. Aufl. Stuttgart 1955

2   Sudhoff, Karl (Hrsg.): Paracelsus »Labyrinthus medicorum errantium« (Vom Irrgang der Ärzte) 1538. Leipzig 1915

3   Habrich, Christa und Edgar Harvolk: Volksmedizinforschung. In: Wege der Volkskunde in Bayern, ein Handbuch (Hrsg.: Harvolk, Edgar), S. 239–260 München/Würzburg 1987

4   Probst, Christian: Fahrende Heiler und Heilmittel Händler. Rosenheim 1992

5   Peickert, Heinz: Geheimmittel im deutschen Arzneiverkehr. Inauguraldissertation. Leipzig 1932

6   Knoll A.G. (Hrsg.): Vom Wirken berühmter Ärzte aus vier Jahrhunderten. Ludwigshafen a. Rh. 1936

7   Wilsdorf, Helmut: Alchimie und Bergwerck. In: Abhandlungen des staatlichen Museums für Mineralogie und Geologie zu Dresden (Sonderdruck), Bd. 11, S. 316 ff. Dresden 1966

8   Sieber, Siegfried: Alte erzgebirgische Arzneimittel. In: Medizinische Monatsschrift (Sonderdruck), ohne Jg. (November 1948) H. 11, S. 492–494

9   Köhler, Ernst: Zur Geschichte des ehemaligen Arznei-Laborantenwesens im westlichen Erzgebirge. Schneeberg/Schwarzenberg 1898

10 Weiß, Walter: Das Erzgebirge in der Heilpflanzenversorgung einst und jetzt. In: Pharmazeutischer Zeitung (Sonderdruck), ohne Jg. (1937) Nr. 31

11 Weber, Karl: Anna Churfürstin zu Sachsen. Leipzig 1865

12 Lehmann, Christian: Historischer Schauplatz derer natürlichen Merckwürdigkeiten in dem Meißnischen Ober-Erzgebirge. Schneeberg 1699

13 Jacob, Willi: Als die Pest unsere Heimat vergiftete. In: Schneeberger Heimatblätter, Beilage zu Erzgebirgischer Volksfreund, ohne Jg. (Sonntag, den 26. Okt. 1930) Nr. 8

14 Zinck, Paul: Kulturbilder aus dem Erzgebirge nach den Predigten des ersten Lutherbiographen Johannes Mathesius. In: Glückauf, Zeitschrift des Erzgebirgsvereins, 37 (Juni 1917) Nr. 6

15 Jacob, Willi: Als die Pest unsere Heimat vergiftete. In: Schneeberger Heimatblätter, Beilage zu Erzgebirgischer Volksfreund, ohne Jg. (Sonntag, den 31. August 1930) Nr. 7

16 Jacob, Willi: Als die Pest unsere Heimat vergiftete. In: Schneeberger Heimatblätter, Beilage zu Erzgebirgischer Volksfreund, ohne Jg. (Sonntag, den 20. April 1930) Nr. 3

17 Endler, Hermann: Volksmedizin. In: Mitteilungen des Vereins für Sächsische Volkskunde und Volkskunst, Bd. VIII, H. 7, S. 108–110 Dresden 1921

18 Lindner, R.: Heilbräuche. In: Mitteilungen des Vereins für Sächsische Volkskunde und Volkskunst, Bd. VI, H. 8 Dresden 1915

19 Donat, Chr. G.: Beyträge zur Geschichte des Medicinalwesens in Chursachsen vom Anfange des vorigen Jahrhunderts an, bis auf gegenwärtige Zeiten. Neustadt 1804

20 Weiß, Walter: Bockauer Gewerbefleiß im Jahre 1767. In: Schneeberger Heimatblätter, Beilage zu Erzgebirgischer Volksfreund, ohne Jg. (Sonnabend, den 26. Okt. 1935) Nr. 8

21 Marzell, Heinrich: Geschichte und Volkskunde der deutschen Heilpflanzen. 2. Aufl. Stuttgart 1938

22 Reinholdt,..: Der Bockauer Angelika-Anbau. In: Die Deutsche Heilpflanze, ohne Jg. (1942) Nr. 8

23 Peters, Hermann: Der Arzt und die Heilkunst in der deutschen Vergangenheit. 2. Aufl. Jena 1924

24 Sieber, Siegfried: Im Apothekerdorf. Manuskript aus dem Nachlaß. Stadtmuseum Bergfreiheit Aue

25 Weckschmidt, E. A: Vom »Bockauer Neujahrsbüchlein«. In: Erzgebirgischer Volksfreund, 75. Jg. (Sonntag, den 22. Okt. 1922) Nr. 248

26 Sommerfeld, Gustav: Die Schneeberger Laboranten Johann Wohlfarth und Christoph Sperhacken. In: Erzgebirgischer Volksfreund, 75 Jg. (Sonntag, den 14. Nov. 1922) Nr. 265

27 Sommerfeldt, Gustav: Aus Bockaus alter Zeit. In: Erzgebirgischer Volksfreund. 76. Jg. (Sonntag, den 11. Febr. 1923) Nr. 35

28 Leichsenring, Gerhard: Manuskript. Privatsammlung

29 Choulant, D. Ludwig (Hrsg.): Neue Sammlung Sächsischer Medicinal-Gesetze. 2 Bde. Leipzig 1834

30 Tutzke, Dietrich: Das sächsische Medizinalwesen in den Augen seiner Kritiker von E. B. G. Hebenstreit bis zum Medizinischen Reformblatt. In: Nova Acta Leopoldina, Bd. 27, Nr. 167, S. 91–104 Leipzig 1963

31 Weiß, Walter: Ein erzgebirgischer Kaufmann und Arzneilaborant Traugott Heinrich Friedrich. In: Eibenstocker Tageblatt, Beilage, ohne Jg. (23. März 1937) Nr. 69

32 Weiß, Friedrich: Beitrag zum Laborantenwesen und zur Familiengeschichte. In: Mitteilungen des Roland Vereins zur Förderung der Stamm, Wappen- und Siegelkunde, 4 (April 1919) Nr. 3/4

33 Merkels, D. I.: Erdbeschreibung des Königreiches Sachsen. Hrsg: Engelhardt, Karl August. Bd. 1, 3. Aufl. Dresden/Leipzig 1804

34 Schumann, August (Hrsg.): Staats-,Post- und Zeitungslexikon von Sachsen. 18 Bde. Zwickau 1814

35 Sieber, Siegfried: Neues von erzgebirgischen Arzneilaboranten. In: Beiträge zur Geschichte der Pharmazie und ihrer Nachbargebiete, ohne Jg. (1959) H. 7, Nr. 3, S. 59–83

36 Spangenberg, Karl: Rotwelsch aus der Mitte des 19. Jahrhunderts. Ein Fundbericht. In: Deutsches Jahrbuch für Volkskunde, Bd. 14, Teil I, S.115 ff. Berlin 1968

37 Weiß, Walter: Ein erzgebirgischer Kaufmann und Arzneilaborant Traugott Heinrich Friedrich. In: Eibenstocker Tageblatt, Beilage, ohne Jg. (25. März 1937) Nr. 69

38 Lindner; Johann Traugott: Wanderungen durch die interessantesten Gegenden des Sächsischen Obererzgebirges. (Annaberg 1848) Reprint Leipzig 1984

39 Weiß, Walter: Apothekerwaren, die zu führen den Händlern im 17. und 18. Jahrhundert nicht erlaubt sein sollten. In: Eibenstocker Tageblatt, Beilage. ohne Jg. (24. Oktober 1936) Nr. 250

40 Güntzel, H.: Zur Geschichte der Apotheke zu Schneeberg i. S. In: Archiv für Geschichte der Pharmazie, Jan. 1911 Leipzig

Dr. Götz Altmann, Schwarzenberg
67

Erzgebirgsmuseum Annaberg Buchholz
Rücktitel, 2, 5, 6, 8a, b, 9, 10, 12, 13, 16, 17, 18, 22, 23, 53

Germanisches Nationalmuseum Nürnberg
19

Christoph Georgi, Schneeberg
Titelbild, 11, 20, 33, 34, 36, 37, 38, 39, 44a, b, 59a, b, 62, 63, 70, 71, 77, 78, 80

Johannes Georgi, Bockau
27, 28, 29, 31a, b

Historisches Museum Wien
24

Kreisarchiv Aue
47, 57, 58

Landesamt für Denkmalpflege Sachsen Dresden
21

Landesstelle für erzgbirgische und vogtländische Volkskultur Schneeberg
3, 32, 42, 51, 54, 55, 56, 66, 69, 75

Claus Leichsenring, Leukersdorf
35

Gerhard Leichsenring, Bockau
25, 26, 40, 43, 45, 46, 48, 49, 64, 72, 76, 83, 85, 87, 88, 89, 90

Fam. Maixner
79

Uta Meier, Lauter
30

Museum Heimatschau Eibenstock
60, 61

Pfarrarchiv Bockau
68, 73, 74, 81

Ratsschulbibliothek Zwickau
Titelbild, 65

Sächsische Landesbibliothek Dresden, Abt. Deutsche Fotothek Dresden
41, 50, 52

Karl-Heinz Schwotzer, Bockau
82

Staatliche Graphische Sammlung München
1, 7

Stadt- und Verwaltungsarchiv Schneeberg
86a, b

Georg Thieme Verlag Stuttgart
15

Universität Leipzig, Karl-Sudhoff-Institut Leipzig
4

Dr. Helmut Wilsdorf, Dresden
14

Dank

Ich möchte allen danken, die mich bei der Ausarbeitung dieses Buches mit Hinweisen und Materialien unterstützt haben.
Ganz besonders danke ich:
Herrn Gerhard Leichsenring, der mir als Ortschronist von Bockau mit seinen Erzählungen das Laborantenwesen wieder lebendig machte,
Herrn Dr. Gilardon, der als wissenschaftlicher Gutachter meine Arbeit betreute und förderte,
Herrn Schürer, der mir als Leiter des Heimatmuseums Eibenstock für die Dauer meiner Nachforschungen Quartier gewährte, der Bibliothek des Karl-Sudhoff-Institutes Leipzig, der Ratsschulbibliothek Zwickau, dem Kreisarchiv Aue und dem Stadtarchiv Schneeberg für die freundliche Hilfe bei der Suche nach Dokumenten und den Pfarrämtern Bockau und Eibenstock für die freundliche Bereitstellung ihrer wertvollen Unterlagen.

Uta Meier

Titelbild:
Titelblatt eines Pflanzenbuches. Plantarum. Frankfurt am Main 1562.
Ratsschulbibliothek Zwickau

Rücktitel:
Die Wasserbrennerin. Holzschnitt aus: Michel Schrick,
Von den ußgebrenten Wassern. Straßburg 1519.

Kleiner Destillierofen. Detail eines Kupferstichs aus dem
17. Jahrhundert.
Erzgebirgsmuseum Annaberg-Buchholz

Impressum:

Autorin:
Uta Meier, Schneeberg

Herausgeber:
Landesstelle für erzgebirgische und vogtländische
Volkskultur Schneeberg
Markt 9
08289 Schneeberg
Telefon: 0 37 72 / 2 23 92
Fax: 5 55 55

Ikonografie und Redaktion:
Uta Meier

Umschlaggestaltung und Typographie:
Annette Fritzsch, Zwickau

Verlag und Druck:
Sächsisches Druck- und Verlagshaus GmbH
Tharandter Straße 23–27
01159 Dresden
Telefon: 03 51 / 4 20 32 40

Redaktionsschluß: 30. März 1996

ISBN 3-929048-85-X